目次

死の絵／死の画

鈴木呂亜

すずき・ろあ

自称「奇妙な噂の愛好者」。某都市でサラリーマンとして働くかたわら、国内外の都市伝説や奇妙な事件を蒐集している。名前は日本で一番ありきたりな苗字「鈴木」と、都市伝説を意味する「ロア」を組み合わせたペンネームで、本名や生年月日などのプロフィールは一切が非公表になっている。2018 年、怪談作家の黒木あるじの推薦により『都怪ノ奇録』でデビュー。その後も『社怪ノ奇録』『世怪ノ奇録』とシリーズを刊行。

待ちあわせ場所に指定されたのは、いまどき珍しい喫煙可能なバーだった。

　地下へ続く階段を降りはじめた時点で、すでに煙草《たばこ》のにおいが鼻をつく。数年前まで自分も喫煙者だったというのに、いまではすっかりこの悪臭が苦手になってしまった。急用ができたと嘘をついてキャンセルしようか……一瞬そんな迷いが生じたが、そういう訳にもいかないと思いなおした。今夜は貴重で奇妙な話が聞けるかもしれないのだから。

　私は本業のかたわら《噂》と《事件》の蒐集《しゅうしゅう》をライフワークにしている。それもネットで語られるような、ホラー小説の二番煎じめいた都市伝説（これらは俗にクリーピー・パスタと呼ばれるもので、厳密には本来の都市伝説＝アーバン・フォークロアとは異なるのだが、この違いを説明すると長くなってしまうので今回は省略しておく）ではなく、あまりに奇妙な死亡事故や未確認生物の目撃談など、海外のタブロイドやイエローペーパーに載るタイプの話をコレクションしている。過去には自分が集めた話を書籍として発表、その印税を注ぎ込んで噂を蒐集するためにアメリカを旅行した事もある。

　しかし二〇二〇年、新型コロナがすべてを変えた。渡航制限によって海外で古書や地方新聞を漁《あさ》る事が不可能になり、やっとコロナ禍が落ちついた後は本業の忙しさに加え、円安の影響で国外の調査が厳しくなってしまった。なにせ壁が紙のように薄い安宿でさえ日本の三つ星ホテルと変わらない値段なのだ。

　この状況では、しばらく取材旅行は諦めざるを得ない。すっかりやる気を失いかけていたある日、知人の男性から連絡を貰った。「私の本を読んだ知り合いが、奇妙な話を提供したがっている」と言うのである。怪談を書く人間は取材が日常茶飯事らしいが、あいにく私は幽霊の登場する話に興味が持てない事もあり、これまで積極的には取材をおこなってこなかった（関心の無い人間にはどちらも一緒だと思われるかもしれないが、都市伝説と怪談はまったく違うのである）。しかし、これはちょうど良いタイミングかもしれない。書斎で頭をひねる安楽椅子探偵まがいの執筆スタイルを卒業し、足で稼ぐルポルタージュに鞍替えするチャンスとなるはずだ。こうして私は知人からの提案を快諾し、いま、見知らぬバーのドアを開けようとしているのであった。


間接照明が置かれているだけの薄暗い店内は、煙で白く烟《けむ》っていた。カウンターではカップルらしき男女とサラリーマンの三人組がそれぞれ紫煙を燻《くゆ》らせている。バーテンに待ち合わせである事を告げると、彼は奥のスツールに目線を向けた。

　脚の長い丸テーブルに、女性が座っている。二十代後半から三十代。サングラスに不織布のマスクで顔は分からない。季節外れのロングコートを羽織り、腕まで隠れる長手袋を嵌《は》めたままカクテルグラスを摘んでいる。おそるおそる私が近づくと、女性は椅子へ座るよう促してから「私の素性は問わないでください。それが今日、話をする唯一の条件です。プライベートを質問された時点で取材は終了になりますので」と言った。

　おいおい、いくらなんでも仰々しすぎはしないか。それとも不穏な人物を演じ、私を揶揄《からか》っているのだろうか。そんな事を考えながら「もちろんです」と腰をおろす。

「知りたいのは貴女の素性じゃなく、奇妙な話の中身ですから」

　そう答えると、彼女は静かに頷《うなず》いてこう言った。

「さっそくですが、呪われた絵画をご存知ですか」


　持ち主が不幸に見舞われる《不吉な絵画》は洋の東西を問わず存在する。

　例えば十九世紀のフィリピン人画家、フアン・ルナが描いた『貴婦人の肖像』と呼ばれる絵画は「呪われている」との噂が尽きない。その理由はモデルとなった彼の妻、パスの死にざまが悲惨なものであったからだ。

一八九二年九月、ルナは「妻が友人のデュサックと浮気している」との疑いを抱いたすえ、ドア越しに妻めがけて銃を発砲した。弾丸は妻と義母の命を奪い、義理の弟にも重傷を負わせてしまう。当然のごとくルナは殺人罪で逮捕されるのだが、当時は男性が不貞を理由に妻を殺害する事が法律で許容されていた。そのため彼は遺族に対し一フランの損害賠償を支払う事で、すべての罪を許されてしまったのである。

被害妄想で殺され、おまけに加害者はまともな罰を受けずじまい。そんな理不尽な結果を知る者の間で、被害者をモデルに描いた『貴婦人の肖像』が不吉がられたのも無理からぬ話だろう。こうして、いつしか「この絵画にはパスの霊が憑いており、所有者に不幸をもたらす」と囁《ささや》かれるようになった。

最初の所有者である富豪のマヌエル・ガルシアは、この絵を買い取った直後に破産。次の所有者バントゥン・ベニテスは自動車事故で亡くなった。三番目の所有者トニー・ナザレノは度重なる不運に見舞われ、病気になって死亡している。トニーから絵を譲り受けたイミー・マルコスは流産し、彼女の家族は政治的に失脚した。ここまでは偶然で片付けられる範疇《はんちゅう》だが、なんと実際に事件も起きている。一九八七年、『貴婦人の肖像』はルナの故郷であるマニラの美術館で展示される事となった。ところが展示初日の夜、絵画の上にあったスポットライトの電球が爆発したというのである。幸か不幸か、その日を境に死者は出ていない。しかし、この絵を鑑賞した者のなかには（その由来を知らないにも拘わらず）体調を崩す人間が現在もいるのだという……。

不吉な噂が付きまとう事では、アルメニア出身のアメリカ人画家ゴーキーの絵画も負けてはいない。彼は二十世紀初めに抽象画で高い評価を得た人物だが、その生涯は決して幸福なものではなかった。十一歳の時にアルメニア人の大虐殺から逃がれてロシアに移住、十七歳でアメリカへ渡り、苦労のすえ抽象画家としての名声を獲得する。しかしその後アトリエが火災で全焼、さらには癌を患って人工肛門をつける事となり、さらには交通事故で首を損傷して利き腕が麻痺、ついには長らく連れ添った妻が子供を連れて不倫相手と逃げてしまった。心労が祟ったゴーキーは、四十四歳の時に納屋で首を吊って自殺したのである。

そんな波乱づくめの人生のせいか、彼の絵画は「呪われている」との噂が絶えなかった。

カンバスが掛けていた壁から落ちた、いきなり絵が燃えあがった、青いコートを着ている黒髪の幽霊が展覧会に訪れたなどなど、多くの真偽不明なエピソードが伝わっている。極めつけは自殺から半世紀後の一九六二年に起きた悲劇だろう。この年の三月、ゴーキーの抽象画十五枚が美術館での展示のために飛行機に積まれ、ニューヨーク国際空港からロサンゼルス国際空港に向けて出発した。しかし離陸からわずか二分後、飛行機は沼地に墜落。乗客八十七名と乗務員八名全員が死亡し、ゴーキーの絵画もすべて破壊されたのである。飛行機には大手化学企業ユニオン・カーバイド社の副社長や大富豪のオルトン・ジョーンズ、ヘルシンキオリンピックのセーリング金メダリストなど著名人が多数乗っていた。

《呪われた絵画》は、持ち主のみならず多くの人々を不幸に巻き込む形で、この世から消えてしまったというわけだ……。

「他にも、ハンガリーの画家であるベクシンスキーの作品は〝この絵を三回見たら死ぬ〟という噂がネットで評判になりました。また、アメリカの画家ビル・ストーンハムは〝自分の絵を展示したギャラリーの所有者、そして絵を批評した評論家が亡くなった〟と自身のホームページで告白しています。現代においても呪いの絵画は増え続けているんです……」

長い講釈を終えてホッと息を吐く。テーブルを見ると、一杯のカクテルが目の前に運ばれていた。いつのまにか女性が私のために注文してくれたらしい。緊張で喋りすぎたせいか喉が渇いている。乾杯のジェスチャーをしてから、遠慮なくグラスに口をつけた。

「呪われていると言っても、他の絵は精々その程度なんですね」

女性がマスクをずりおろし、煙草を咥《くわ》えて火をつけた。どんな顔か確かめようとしたけれど、彼女はひと吸いしただけで煙草を灰皿に押しつけて、再びマスクで鼻と口を覆ってしまった。

「私の知っている《死の絵画》は、そんな生優しい代物ではありません。どこから見ても普通の絵なのに、所有者やその家族が必ず死ぬんです」

そう言うと、彼女はハンドバッグから一枚の写真を取りだしてテーブルに置いた。

写真は絵画を撮影したもののようで、若い女性が何かを拾う姿が描かれている。画風に何となく憶えはあったが、専門家でもない私には誰の作品かなど見当もつかない。ただ、一見したかぎり取りたてて不気味さは感じなかった。

「シャガールです。現在の相場は三千万円を下りません」

途方もない金額に思わず咽《む》せる。名画の類は高価だと聞いていたが予想以上だ。それともこれはまだ安いほうなのだろうか。待てよ、まさか「お得でしょう」と好事家の私に売りつける腹積もりじゃないだろうな。噂を聞かせるというのは方便で、本当は絵画販売が目的だったのか。いや、場合によっては投資を謳《うた》った詐欺の可能性もあるぞ。

「申し訳ないが、私は金なんて持っていませんよ」

牽制《けんせい》する私を無視して、女性は説明を再開した。

「この絵画が日本へ輸入されたのは九十年代。当時の所有者はフランスの資産家でしたが、負債を抱えてこの絵を売りに出したと聞いています。元貴族だったそうですが、没落して先代は自殺。本人もワインなどの事業に手を出して失敗しました。その彼から絵画を買い取ったのは関西に本社を置く不動産会社のオーナーでした。しかし、バブル経済の崩壊で会社は倒産。絵画はノンバンクの金融機関に差し押さえられます。ところがその金融機関も直後に破産、当時躍進していたＩＴ系企業のカリスマ経営者に五千万円で売却されたものの、まもなく彼は会社を追放されてしまいます。またも持ち主を失った絵画は、ある投資会社役員に三千万円で購入されますが、この人物もトラブルに巻き込まれ会社を解雇されてしまいました」

　この文章ではボカしているが、彼女はその時、世辞に疎《うと》い私でもその名を知っている企業や人物の名を口にしていた。確かに名前の挙がった不動産会社や銀行の破産は当時も大ニュースになっていたし、ＩＴ企業の経営者は自身が設立した企業を追われ、その後にスキャンダルを起こしている。

　しかし、それらすべてが呪われた絵のせいだというのは、さすがに論理が飛躍している。時はバブル崩壊直後、没落した会社や経営者など数えきれない。おまけにあの頃は投資名目で絵画や美術品を購入するのが流行《はや》りだった。仮に彼女の言った企業が本当にシャガールの絵を購入していたのだとしても、それが原因で潰れたというのは些《いささ》か都合が良すぎる解釈に思えてしまう。正直、都市伝説としてはお粗末と言わざるを得ない。

　そんな感想を遠慮なく、すこしキツめの口調で述べてみたのだが（この時、私はまだ詐欺を疑っていたのだ）やはり女性から反応はなかった。

「話を続けますね。シャガールの絵は都内にある画廊のオーナーが手に入れ、東京の資産家に五千万で売却しました。しかし、この資産家はまもなく殺人事件に巻き込まれ、自身は一命を取り留めたものの家族や財産を失ってしまいます。続いて絵画は、都内に複数のスポーツ系施設を構える経営者に買い取られました。ところが翌年に彼の経営する施設は突然すべて閉鎖され、本人は現在に至るまで行方不明なのです。ここまで来ると、さすがに〝呪われた絵〟という評判は隠せなくなってくる。そのため絵画は闇ルートを通じて売り買いされるようになり、裏社会に所属する人物が手に入れました。ところが絵を飾った直後、この人物が所属する組織内で抗争が始まり、仲間は芋づる式に逮捕、部下も立て続けに殺されてしまいます。その後、この絵はとある企業の……」

「ちょっと待ってください」

　私は強引にお喋りを中止させた。

「私は美術にこそ疎い人間ですが、先ほどダラダラと講釈を垂れたとおり不吉な絵についてはそれなりに情報を集めています。不吉な絵画を取り上げてベストセラーとなった本も読んでいますし、そういう絵画を特集した海外の美術誌にも目を通している。でも、貴女が仰ったような謂れなんて一度も見聞きした記憶がない。これだけ曰くつきの作品であれば、まったく世間に知られていないのは妙ではありませんか。なぜ貴女が、このシャガールの因縁をそこまで詳しく知っているんですか」

「それは私の素性に関する質問でしょうか」

女性の口調が鋭くなる。最初に交わした約束を思いだし、慌てて私は「違います」と弁解した。

「単なる絵についての疑問ですよ。不吉な評判を面白がる人々は多い。その噂も含めて売りに出せば容易に買い手がつくと思うのですが、どうして、この《呪われた絵》の存在は知られていないんですか」

「裏で情報を処理しているからです。なにせこの絵……そもそもが盗品なので」

女性によれば、絵画の世界は表の流通ルートと贋作《がんさく》や盗品を専門とする裏のルートがあるのだという。何とフランスには有名美術館や個人の所蔵庫から絵画を盗むアンダー・ブローカー、プロの絵画窃盗団さえ存在するらしい。

「まるで怪盗だ。ルパンの故郷のフランスとはいえ出来過ぎでしょう」

「それが商売として成立するほど、絵画ビジネスは底無しなんです。たとえ盗まれたものであっても所有したい、そんな強欲な金持ちは世界中にいるんですよ」

「しかし、盗品であれば公には展示できませんよね。それで、お金持ち連中の所有欲は満たされるんですか」

「だからこそ、お金持ちでなければ手が出せないんですよ。人里離れた場所に別荘を建てたり、家のなかに隠し部屋を作ったりと、いわば《私設美術館》を持てるほどの人間が、裏社会を通じて秘密裏に輸入するんです」

　こうした背景には日本の特殊な事情が絡んでいるのだ……と彼女は言う。

「海外の場合、盗難された美術品は年数が経っても返却義務があります。第二次大戦で盗まれた絵が数十年を経て本国に返還されたなんてニュースがよくあるでしょう。ところが日本だけは事情が違うんですよ。盗難品と知らずに購入した《善意の第三者》の場合、二年以上所有すれば所有権が発生するんです。だからアンダー・ブローカーは日本の富裕層に〝見つからないよう飾っていれば、二、三年後に儲かるぞ〟と甘い言葉をかけて売りつけるんです」

「一種の資金洗浄、絵画ロンダリングですか」

「もちろん売った人間が直に買い戻すわけではありません。時期が来たら、諸外国の大使館に〝おたくの国で盗まれた作品がありますよ〟と密告するんです。もちろん大使館は持ち主に返却願いを出しますが《善意の第三者》が無償で手放すはずもない。結果、莫大な金額で買い戻さなくてはいけなくなるんです」

　興味深い話に感心しながらも、私は混乱していた。確かに面白い内容ではあるが、はて、当初の《呪われた絵画》の話題はどこに行ったのだろう。目の前の女性が何を伝えようとしているのか、いまいち理解がおよばない。

私の戸惑いなどお構いなしで、女性の解説は続く。

「国によっては、金額よりも名誉のほうが問題になります。国立美術館から名画が盗難されたという恥を何としても隠したい、そんな国も少なくないんです。すると、どうなるか……盗難された絵を回収する組織が、国家レベルで動くんです」

「ルパンの次は秘密組織ですか、まるでハリウッド映画だ。主演はトム・クルーズかな」

ちょっとした皮肉のつもりだったが、彼女が笑う事は無かった。

「構成員の所属は、情報機関の人間であったり政府に雇われたプロであったりと国家によって違います。共通しているのは《取り返すための手段は選ばない》点です」

そこで女性は一瞬あたりの様子を伺ってから、関西近郊にある山の名前を告げた。

「この山は個人所有のゴルフ場になっており、その一角には立派なゲストハウスが建っています。広いラウンジや地下室、中庭に大きなプールもあるお屋敷です。持ち主は上場企業の社長ですが、彼は数年前に不可解な死を遂げました」

彼女が口にしたのは、コマーシャルが頻繁に流れている企業の名前だった。

「この社長は《政界のタニマチ》として有名であると同時に、一部では絵画コレクターとしても知られていました。ゲストハウスの地下室には裏ルートを通じて手に入れた複数の名画がズラリと展示されています。もちろんすべて盗品です。その絵を自慢するため、社長は週末になると多くの著名人を集めて秘密のパーティーを開き、コレクションを披露していたそうです」

ところが、ある月曜日に事件が起きたのだ……と女性は小声で囁いた。

「昼になっても連絡のつかない社長を不審に思った社員が別荘を訪ねてみると、彼はリビングで首を吊って死んでいたというんです。家族や知人によると、社長に思い悩んでいる様子はなく、とても元気だったそうですが」

憶測が広まるのを恐れた会社は、首吊り自殺の事実を隠して病死と発表。しかし、関係者の間ではさまざまな噂が乱れ飛んだらしい。

噂の原因は、もちろん絵画である。

「死後に遺族が別荘の地下室を確認したところ、一枚の絵が見当たらなくなっていたのだとか。その絵画はフランスの有名美術館が所蔵しているはずの作品で、なぜか長らく展示されていなかったんです。社長自身は〝これは精巧な贋作だよ〟と説明していたそうですが……彼が自殺してまもなく、その絵が美術館に再び展示されるようになったんです。あまりにタイミングが良すぎて噂になったんでしょう」

彼女が再びマスクをずらし、カクテルをひと口飲む。ようやく途切れた長広舌の隙をぬって、私は発言した。

「要するに貴女は、持ち主が変死する《呪われた絵画》のいくつかは、外国の特殊部隊によって所有者が暗殺されたと仰るんですか。その社長は自殺に見せかけて殺されたと言うんですか。シャガールもその組織の仕業なんですか」

「不自由のない暮らしを送っていたのに自殺する著名人、大きなプロジェクトの直後に行方不明になった起業家……そのなかの何人かは《組織》の犯行でしょうね。なかには直接手をくださないケースもあります。巧妙な罠に嵌めて会社ごと潰したり、盗品とは無関係な事件で逮捕させたりと手段はいくつもあるんです。ただ、そういった方法は時間も手間もかかるので、選択肢としてはあまり採用されないそうですが」

「おいそれとは信じられませんね。そんなの国際問題になるでしょう」

「ええ、バレれば大問題ですよ。だからこそ大使館が絡むんです。大使館の敷地内は、国内でありながら日本の法律がおよばない。おまけに外交官特権を使えば税関もパスできますから、奪取した絵画を保管するにはうってつけなんです。日本政府も無用な揉め事を避けるため、見て見ぬフリをするんでしょうね」

　改めてテーブルに置かれた写真を眺める。何の変哲もない絵画……これを巡って財界人や起業家が次々と闇に葬られたというのか。だとすれば、「呪われている」との表現もあながち的外れではない。

それにしても、内情をここまで詳細に知っているこの女性は何者なんだ。

問いたい気持ちを堪えている私を横目に、彼女がカクテルのおかわりをバーテンに頼んだ。

話は終わっていないという事か。慌てて私もウイスキーの水割りを注文する。

それぞれの酒が届く。同時に、女性が顔を上げた。

「絵の話題はこれくらいにしておいて、今度は映像に関する話をさせてください」

すでにカウンターの客は全員帰ったらしく、いつのまにか店内は私と女性、そしてバーテンの三人だけになっていた。さっきまでジャズが流れていたような記憶があるのだが、いまは音楽もなく、やけに静かなのが恐ろしく思える。

「スナッフ・フィルムはご存知ですか」

私は無言で肯いた。噂を集めている人間が、その忌まわしい名前を知らないはずがない。スナッフとは「消す」を意味する単語で、現在では《販売目的で撮影された殺人の映像》を意味する俗称になっている。『スナッフ』というタイトルの外国映画がその語源で、この映画は「本当の殺人を記録したドキュメンタリー」という触れ込みで評判を呼んだが、実際は巧妙なフェイク映像（今で言うモキュメンタリーだ）でしかなかった。そして、名前の由来になったフェイク映画と同様、スナッフ・フィルムもこの世には実在しない。

この文を読んでいる方は「殺人の瞬間を撮った映像なんてたくさんあるじゃないか」と反論しているかもしれない。確かに昨今はネットを漁れば殺人を記録したショッキングな映像を数多く発見できる。二〇〇七年にはウクライナの若者三人が老人や女性、子供やホームレスなど二十一名の市民を殺害する様子をネットで公開した。この映像は通称《ウクライナ21》と呼ばれ、世界に衝撃を与えている。また、過激派組織IS（イスラム国）も人質の首を切りおとす動画をネットで公開。近年では二〇一九年、ニュージーランドのクライストチャーチで発生した銃乱射事件において、犯人がモスク襲撃の様子を配信している。この事件では五十一人が死亡、四十九人が負傷した。本邦でも、幼女を殺害した《M事件》や外国人女性を殺した《L事件》など「スナッフ・フィルムが存在するのではないか」との噂が囁かれたケースはいくつもある。

しかし、例に挙げた映像は《厳密な意味でのスナッフ・フィルム》ではない。それらは商品にするため撮影されたわけではなく、犯人が自己顕示のため、所属組織の主張のため、個人的な快楽のために記録、配信したに過ぎない。だいいち、これほど人の死が簡単にネットで閲覧できる時代に、わざわざ殺人の証拠記録を残して、自分から商品として流通させる意味などない。売れないくせにリスクばかりが高いのだから、とうてい商売として成立しないのだ。

このように、噂の世界では眉唾《まゆつば》として周知の事実になっているスナッフ・フィルムの事を得意げに訊ねてくるとは、やはり彼女は素人だ。そうだとしたら、先ほどの《呪いの絵画》も、自分の妄想をまことしやかに語っただけだろう。小説家志望なのか、あるいは単なる悪戯《いたずら》か。「出自を訊くな」という約束も、ボロが出る事を警戒しての牽制に違いない。

などと考えながらも、私はなかなか内心を口に出せなかった。人を糾弾するのはリスクが伴う。論破するのは気持ち良いかもしれないが、下手に逆恨みでもされてはかなわない。口は災いの元である。だから私は「疑っているぞ」との念を込め、黙りこくって相手を睨んだ。けれども彼女は怯《ひる》むふうもなく、こちらの目を見つめ返してきた。

「商品として流通する事はありえない……そう言いたいんですよね。でも、販売目的で撮られたものではなく、秘密の殺人ショーを記録した映像は存在するんです」

「ショーというのは……娯楽として観客の前で人を殺す催しがあった、という意味ですか。私も海外のタブロイドやニュースをチェックしていますが、そんな噂なんて聞いた事が」

「あなた程度に知られるようでは秘密にならないでしょう」

口調が少し変化している。絵画について話している時よりも、明らかに棘がある。

「そのパーティーがいつから開催されているのか、詳しい時期は私も知りません。もともとは大陸の富裕層がルーツだと聞いています。彼らは、金でできる事は何でもやりたがるんですよ。猿を生きたままテーブルに固定して頭の骨を外し、露出した脳味噌をスプーンで掬《すく》って

《活け造り》で食べる……そんなゲテモノ料理の話を聞いた事はありませんか？　あれも彼らが始めたと聞いています」

　グロテスクな情景に思わず口を押さえた。私は【噂】こそ大好きだが、残酷な話は大の苦手なのだ。ウイスキーが胃から逆流しそうになる。私の回復を待たずに女性は話を進めていく。

「現在パーティーを仕切っているのは、大陸の連中からノウハウを引き継いだ《Ｍ》と呼ばれる集団です。Ｍとは《Ｍ講》の略で、メンバーが毎月金を出し合い、積み立て金でさまざまな非合法の催しをおこなう集まりなんです。メンバーに名を連ねているのはＩＴ長者や警察のトップ、官僚や芸能人など表の世界では立派な肩書を持つ人間ばかり。もちろん政治家もいますが、地方議員の二世が多いですね。ほかには大使館の職員も常連でしたが、彼らは客というより営業目的で顔を出していたようです。先ほど言ったように大使館の中は治外法権ですから、自分のところで開催すれば裏金や薬などアンダーグラウンドな儲けが懐《ふところ》に入ると踏んでいたんでしょう」

　おさまらない吐き気を必死に耐えながら、私は青い顔で訊ねた。

「ショーは頻繁に開催されているんですか」

「最盛期は月に一回程度だったようですが、いまは年に一回程度でしょうね。ちょっとした事件のせいで、参加者が激減してしまったと聞いています」

事件とは何だろう。気にはなったが、また残酷な話を聞かされるのではないかと思うと訊ねる心境になれない。私はさりげなく質問を変えた。

「会場は、さしずめ映画やドラマに出てくるような埠頭の倉庫あたりですか」

精いっぱい平気なそぶりを装って問う。女性は「いいえ」と首を振った。

「ああいう場所は逆に目立つんですよ。寂《さび》れた夜の港に高級車が何台も停まっていて、おまけにボディーガードが何人も立っていたらさすがに目立つでしょう。このご時世、ＳＮＳにでも投稿されてはお終いですからね。もっとパーティー向きの会場を複数用意しています」

「そんな物騒な目的で会場を貸してくれる施設があるとは思えませんが」

「一般的な施設ではありませんから。このショーは、悲鳴の遮断と血や糞便の処理が必須です。それが容易なところ。さりげなく大人数が集まっても違和感のない、叫び声が誰にも聞こえない、死体を処分できる土地が近くにある場所ですよ……さて、場所のヒントはこのくらいにして、そろそろショーの中身について話しましょうか」

聞きたくないとは今さら言えない。

「ショーに《出演》するのは若い女性。彼女たちは豪華なドレス姿でステージに登壇させられます。本人は〝ストリップでもするんだろう〟程度にしか考えていません。すぐにそうではないと気づきますが、その時には《お薬》を投与されているので判断能力がすっかり鈍っているんです。とうてい逃げられる状態ではありません」

「朦朧《もうろう》としている女性を、観客の前で殺すんですか」

「いいえ、すぐに殺したらショーはあっという間に終わってしまいますから。まずは前座の《余興》をおこなうんです」

女性が少しだけ無言になり、サングラスを指で押し上げた。

「最初の余興は、通称《宝石泥棒》。家庭用ミキサーにダイヤモンドの指輪を入れて、こいつを取れたら自分のものにできるぞ〟と女性を煽《あお》るんです。人間は欲深いものですね、彼女たちは指がミンチになってもダイヤを掴もうと頑張るんですよ。客はその様子を見ながら〝指輪をはめる指がなくなったのに、皮肉なもんだ〟と笑うんです。二番目の余興は《三つ星シェフ》。ピーラーで自分の皮膚をどれだけ長く削《そ》げるか競争させます。一センチにつき十万円。途中で切れたら失格です。チャレンジできるのは、ひとつの部位につき一回だけ。たいていは太腿から始めて、その後に腕、胸と続きます」

「そんなの無理だ。激痛で気絶してしまいますよ」

「だから、あらかじめ薬を投与しているんですよ。痛みを感じながらも、かろうじて活動できるように投薬量は調整されています。大金欲しさに、血まみれになりながら皮膚をゆっくり慎重に削っていく姿は、一度見たら忘れられませんよ」

その後も女性は記す事さえ憚《はばか》られる余興の数々を教えてくれた。詳しい内容を書くつもりはない。《本日の目玉商品》《リラックス・バスタイム》《サボテンの育て方》《串焼きバーベキュー》という名称のみ綴っておく。

絶句する私を前に、彼女は「基本的に、顔と喉には手を出しません」と言った。

「悲鳴もあげられない、表情も分からないとなると客からクレームがつきますから。それに、あまりショーが長くても文句が出るんですよ。なので絶命までの目安は一時間程度。最期にとどめを刺す《処刑人》も用意されているんです。彼らもまた裏ルートで調達した一般人です」

「いや、それはさすがに嘘でしょう。人を殺したがる人間なんて」

「山ほどいますよ。富裕層は自分の手を汚す事を嫌いますからね。小さいころから人に命じる事に慣れているので、わざわざ血まみれになりたがる金持ちはいません」

「……刺殺ですか、それとも銃殺ですか」

なるべく苦しまずに逝ってほしい、そんな願いを込めて無意味な質問をする。

「殺し方は自由です。失血死の場合もあるし、ショック死する事もあります。どのように殺してみせるかは《処刑人》の腕の見せどころです。あまり下手だと二度と呼ばれないどころか自分が犠牲者になりかねませんから、彼らは彼らで必死ですよ」

「その《処刑人》がショーを撮影するんですか」

「まさか。彼らは単なる端役です。客も殺される女性も処刑人も、会場へ入る時は厳しいチェックで手ぶらにさせられます。録画するのは主催者サイド。殺される女性と同じ画面に収まるよう、客や殺害役の顔を撮影しておくんです」

「それが、さっき言っていたスナッフ・フィルムの正体ですか」

「一種の脅しですよ。〝うっかり喋ってしまえばお前も大変な事になるぞ〟という警告です。なかには〝映像を売ってくれ〟と要求する客もいるそうですが、もちろん断ります。あくまでこのパーティーは《M》の結束を高めるのが目的ですから。絶対に口外できない秘密を共有し、裏切れない関係を築く事が重要なんです」

「……とてもじゃないが信じられません。殺人を見たがる連中がいるというのも疑わしいが、なによりもそれほど簡単に殺される女性を確保できるとは思えないですよ」

「もともとは大陸由来だと言ったでしょう。彼らが持っているさまざまなノウハウを、《M》はまるごと引き継いだんです。人選の基準、攫《さら》う手段、足取りを消去する方法。女性を誘い込んで拉致するための酒場も複数所有しています」

何と返事をして良いのか分からず、私はほとんど氷が溶けた水っぽいウイスキーを煽る。私がグラスを置いて息を吐くなり、女性が「ただ」と呟いた。

「ごくまれに、奇跡的な幸運で生き残る人間もいます。ショーの最中に招かれざる客がやってきたおかげで命拾いしたケースもあるんです」

「招かれざる客というのは」

「海外の特殊組織ですよ」

それを聞いた瞬間、全身に鳥肌が走った。

「いや、待ってください。それはさっきの」

「あるパーティー会場に飾られていた盗品の絵画を取り返しに来たんです。客は散り散りに退散、絵画の所有者は見せしめの意味で自殺に偽装して殺されました。この件以来、パーティーの開催は自粛されているそうです」

予想外の展開に寒気を覚えながら、頭の中で疑問を整理する。盗品絵画のコレクターだった大企業の社長は、首を吊って死んだ。彼女はそう言っていた。絵画が隠されていたのは山奥のゴルフ場にあるゲストハウス。悲鳴が届かない場所だ。中庭にはプールもついているから血や糞便の処理もできる。死体だって山中なら埋める場所は無限にあるだろう。

待て。話を途中で止めてしまって聞きそびれたが、シャガールの行方はどうなった。もしかして最後の所有者は殺された社長だったのか。この名画も陰惨な殺人ショーをじっと見守っていたのか。この静かな瞳で。

私が見つめていた写真を、女性がそっとバッグに戻す。

「おかげで女性は助かりました。もっとも、残念ながらショーも終盤にさしかかっていたので、無傷というわけにはいかなかったようですが」

そう言うと彼女は、サングラスをほんの少しだけ下げて上目遣いで私を見た。眼球が無いように見えたが、一瞬の事だったので確証は持てない。

ぞっとしながらも、私は好奇心を抑えきれずに口を開いた。

「なぜ、そこまで詳しいんですか。絵にしても殺人ショーにしても関係者でなければ知らない情報ばかりだ。貴女に教えてくれた人物が関与しているんですか、それとも貴女自身が当事者なんですか。もしかして《命拾いした女性》というのは」

一気に言ってから「素性を聞かない」という約束を思いだす。しまったと口に手を当てた時には、すでに女性は椅子から立ち上がろうとしていた。

「話は終わりです」

テーブルに添えた右手の手袋の指先が、ふにゃりと曲がっている。中身がない。女性はこちらの返事も聞かず、ヒールの音を響かせながら出口へ足早に去っていった。

あとを追いかけようとして、勘定を終えていない事に気がつく。慌ててマスターを探したものの彼の姿は見あたらなかった。ふと、女性を誘い込んで拉致する目的で作られた酒場の存在を思い出す。まさか、この場所は。嘘だろ。単なる噂だろ。

何もかも分からなくなった私は、テーブルに一万円札を置いて階段を駆け上がった。

帰宅後、私は日本の行方不明者数について調べてみた。

警察庁の統計資料によれば、令和四年の行方不明者の総数はおよそ八万五千人。そのうち女性が三万六百五十人、全体の四割弱を占めているという。年齢層では二十代がもっとも多いが、そのうち無事に所在が確認されたケースは約三万人。残りの一万人は行方が知れない。そして、この数字はあくまでも《行方不明者届が出された数》に過ぎない。統計よりもはるかに多くの人間が、この世から突然いなくなっているのだ。

人生で初めて取材した話をどうすべきか数日悩んだすえ、私はこの本に寄稿しようと決めた。読者の大半は筆者の妄想か、適当な作り話だと思うに違いない。それで良い。どうか笑って忘れてほしい。自分だけでは抱えきれずに吐きだしたが、これ以上この話が広がってほしくはない。

やはり、自分は記事や雑誌をスクラップするのが性に合っているようだ。私は、これを最後に取材はしないと決めた。もう二度と【本当の噂】は聞きたくない。

路上の女と泉下の女

岩井志麻子

いわい・しまこ
岡山県出身。高校在学中の1982年に第3回小説ジュニア短編小説新人賞に佳作入選。少女小説家を経て1999年「ぼっけえ、きょうてえ」が第6回日本ホラー小説大賞と第13回山本周五郎賞を受賞。著書に『岡山女』(2002年第124回直木賞候補)、『trái cây〔チャイ·コイ〕』で第2回婦人公論文芸賞、『自由戀愛』で第9回島清恋愛文学賞を受賞。『でえれえ、やっちもねえ』『煉獄蝶々』「現代百物語」シリーズなど多数。

日本一どころか東洋一の歓楽街と呼ばれる、新宿歌舞伎町《しんじゅくかぶきちょう》に住んで四半世紀近くになる。不夜城ともいわれ、何かと怖い物語に満ち満ちているように語られるし、実際に事件や事故は少なくはない。

私は今のところ、そこまで怖い目には遭ってない。ただ、怖い話を聞かされるだけだ。

我が家の近所にある公園は、店に所属せず個人で客を引く女達が立っていることで、一種の名所ともなっている。彼女らは、立ちんぼと呼ばれる。

ずっと昔から立ちんぼはいたが、数年前からホストクラブの売り掛けを払うために立つ若い女が増えたと話題になり、動画配信者や野次馬もうろつくようになった。

その向かいに建つビルのスポーツジムに通っている私は、毎日ではないがしょっちゅう公園前を通りかかるので、公園の女達に顔見知りが何人かできてしまった。その中には立ちんぼだけでなく、ホームレスもいる。

界隈に、朝間《あさま》さんと呼ばれるちょっと有名な女がいた。ホスト狂いの派手な若い女がたくさん立つ中で、明らかに古稀《こき》を越えて痩《や》せこけた貧相な朝間さんは、逆に目立った。

エロ目的で買う男は滅多にいなかったが、朝間さんのあまりに寒々しいたたずまいに同情し、パンやジュースなどあげる人はときどきいた。

私は私服警官とも疑われず立ちんぼにも見えず、ただの暇な近所のおばちゃんと思われているので、彼女らにちょっと話しかけて世間話などしても、そう嫌がられない。

そんな朝間さんだが、ふっといなくなってしまった。朝間さんの隣に立っていた女達によれば、死んだという。死んでいてほしくないが、やっぱり朝間さんは死んでいるのだ。

朝間さんとその隣にいた女達が語った断片的な話を再構成し、ここに記しておく。

※

冬にベンチで寝てると生身の体だけじゃなく、夢の中でも凍《こご》えることになるね。

でもここは、東京都のど真ん中。新宿の繁華街の外れ。南国ではないけど、そんなすべてが凍《い》てつく氷と雪に閉ざされる世界でもない。

私はもっと、寒い場所で凍える思いもしてきたよ。だから、今もそんなに寒いと感じない。

いつだったかな。遥か昔のような、つい昨日のことのような。起き上がってベンチに座り直して足元の鳩を眺めていたら、隣に見たことがあるようなないような若い女が座った。

鳩よりも感情のない目は、私をベンチの一部くらいにしか見ていない。そんな目のまま、スマホで通話を始めた。

「うん、今は立ってないよ。公園のベンチで、ぼうっと暇つぶし」

なんだろう、この子がここにいるわけない、という違和感。

ねぇあんた、その不文律っていうのかローカルルール、知ってたかな。そう、この子達は決して、公園の中には入って来ないんだった。

公園をぐるりと囲む柵の前に立つか、道路を挟んだ向かいの病院前に立つか。

彼女らを、公園は立ち入り禁止にしているのではないよ。そんなことはできない。ただ厳重に戒《いまし》められていなくても、客待ち、客引きをする女達は公園の中には入らないのが決まり、お約束なんだ。公園内にいるのは、立ちんぼではなくホームレス。

別にそんなルールを破っても刑罰も私刑もないんだけど、みんな律儀に守っている。落ちても、墜《お》ち切らない矜持《きようじ》みたいなもんはある。あの子らにも、私にも。

公園の中にいる女は、どんな派手な格好でも身売りはしない子達で、柵を隔てた公園前でスマホを凝視しながら立つ若い子は、どんなに普通の子に見えても、みんな立ちんぼ。

そんな棲み分けには、矜持だけでなく自尊心や遠慮、思いやりみたいなものもあった。

最も行儀が悪くて礼儀や仁義を欠いたのは、客じゃない。盗撮や、無断で動画撮影に来る奴らだ。私も映り込んでいるはずだけど、どこに文句をいえばいいかわからないし、いっても何にもならないし、私なんかに注目する人もいないといえば、それまでよ。

それにしてもこの公園の近隣に立って体を売ってる若い女は、みんな似てるよね。あちらからも、この辺のオバサンはみんな似ていると思われているかな。買ってもくれないし競争相手にもならないオバサンなんか、目に映っても見えてないか。

私も、昔は柵の前にいたんだよ。私が立ってた頃は、今みたいに若い可愛い子は皆無で、老いた女、容姿に大きな難あり、要するに店には雇ってもらえない女ばかりだった。

それがいつからか、高級店に雇われそうな女達が来始めた。店に所属すると半分以上を持っていかれるし時間の制約もあるし、何より嫌な客を断れないからと路地に立つ。

生活苦ではなく、ここから徒歩圏内のホストクラブやコンセプトカフェ、地下アイドルなんかの、いわゆる担当、推《お》しに貢ぐため。

私は自慢にもならないけど、生活苦の老女という王道、本来の立ちんぼだった。

いろいろしんどくなって、ついに公園の中のベンチに座ったとき、ああ終わったなと晴れ晴れともしたし、もっと別の苦界が始まったと悲しくもなった。

ほら、バスケットやフットサルのコートもあるし、ダンスや演劇や漫才の練習をしている人達もいて、定期的に飲食のイベントや防災訓練なども行われるし、一見すると健全な公園だよ。

いや、公園そのものは健全だよ。

公園の周辺に集う人達が、怪しいというだけで。私も、その一人だった。今は違う。公園でくつろぐだけの人だよ。貢ぐ男も、いなくなったしね。

あの日、私の隣に座った子は、よく売れ残っていた子だ。若いのは間違いないし、顔立ちも悪くはないけど、かなりの肥満体なんだわ。

ポチャ好きもいるけど、あんた売れたいなら痩せなよ、といってやりたくもなった。その前に年長者としては、普通の勤めをしろ、というべきだったのかな。

生憎《あいにく》、私がいえば、どの口がいうか、と返されるだけだわ。いや、返してすらもらえない。この子に限らず、私はこの公園のベンチと一体化していて、気に留める人はほとんどいないから。立ちんぼのときは、それなりに値踏みもされたのに。

さて、隣に座った女の話だよ。ここに堂々と座っているということは、同じく立ちんぼから足を洗ったということなのかな、と見た。

でも、いろいろと違和感を醸し出していた。黒い肩までの真っ直ぐな髪を、毛先だけ赤く染めている。キラキラ光るラインストーンを貼り付けたスマホを握る手の爪は、さらなるラインストーンがきらめいている。

肥《ふと》っている子はたいてい、体の先端には気を遣う。肥っている本体から、目を逸らしたいから。先端のキラキラだけ眺めていれば、売れない理由の体を見つめないで済む。

金払えば隣に座ってくれる推しの男だけ見ていれば、みじめな現実も見ずに済む。

その子も着ているのは、近所の量販店で買ったらしい、見るからに安物のニットのワンピ。

そういえばこの子はいつ見ても、同じセーラーカラーの黒いワンピだ。

その子に限らず、この辺りに立つ子達はいつも同じ服、というのが少なくない。

理由の一つに、覚えてもらえやすくなる、というのがある。あの黒いセーラーカラーの子、というふうに。仕事着、戦闘服の意味合いもあるね。この服を着ているときの自分は、立ちんぼ。着てないときは、普通の女の子。

でもあの子、立ちんぼ時代と同じ格好だった。じゃあ、まだ現役なのか。でも、ここにいる。ついに不文律も破られたか。と、私は隣の子を見ながらいろいろ考えた。

私にはまったく目を向けず、その子は電話し続けていた。

「あのピンクのウサ耳の子、捕まったみたいよ。隣に立ったら何度か話したことはあるけど、別に友達じゃないし。行ってる店も担当も、カブってない」

ピンクのウサ耳、なんとなくその子にも覚えがあった。フードにウサギの耳らしいひらひらがついたパーカーの子は、顔だけは整形だとしてもアイドルみたいに可愛かった。体型も華奢《きしゃ》で、透き通るような色白だった。

薬物中毒でメンタルに不安を抱えているのは、一目でわかった。それでも、隣にいる女よりは客がついていた。ここに女を買いに来る男は、女の内面なんかどうでもいい。

彼女らが必死に通うホストクラブの男達こそ、客になる女を見た目で選んだりはしない。貢いでくれる金額だけが大事だから。

「あたしは薬は、たまに風邪薬でオーバードーズくらいかな。でも、あれやるとふわふわするだけじゃなく、なんていうかな、霊感みたいなのが湧いて出るっていうか」

　そこでふと、隣の女と目が合った。女はすぐ、目を逸らした。電話の相手は、漏れてくる声から男であるのはわかった。馴染み客か。逆にこの子が客である、ホストか。

　聞くつもりはなくても、隣だからすべて聞こえたの。足元の鳩がしゃべっているような気にも、なってきた。私は鳩を見つめ、聞き耳など立てていないふりをした。

　隣の女はコンタクトとメイクのせいもあるけど、鳩よりも鳩みたいな目をしていた。

「何気にスマホ見てたら、あれっと思うネットニュースがあったの。都内のどこかの川で、女の腐乱死体があがったんだって。身元不明ってやつ。四十代から七十代だって。若くはないけど、そんなヨボヨボの老人でもないのね」

　一瞬、それって私かな、と苦笑した。岡山の実家を出てきて、四十代で東京の家をなくして、この界隈にやってきた。気がつけば、七十も越えていた。

　立ちんぼにすら逃げられるほど、気持ち悪い男。日本語がおぼつかない男。でもどうしてもやりたい、なるべく安く上げたい、ってな男達。それが私の、主要な客だった。

　我ながらどんな罪人も救いあげる、観音様みたいだね。近隣の安いラブホ、ビジホ、ネカフェ、私は歓迎されるお得意さんではないにしても、出入り禁止にされるほどのこともなかった。なんとなく、馴染《なじ》みになっているホテルもあった。

私を七十越えに見える四十代だと思っている男と、四十代に見えなくもないけど実は七十いってるよね、といってくる男がいる。近い東アジアを除く外国の男は、日本の女の年齢が、そこまで正確に見分けられないようね。

「なんかちょっと、気持ち悪いっていうか、えって思ったのが、死体のウエストポーチの中に、死んだ小動物が入ってたんだって。ネズミらしいよ」

　ここで私は、鳩とも目が合う。隣の女は、死んですぐなら二十代と見られるだろう。海に放られたり山に捨てられたりで腐乱し、白骨化しても、五十代までは広げられないだろう。なんというか、だらしない体型ではあっても、骨格は若い。

「着ていた服とか、写真が公開されてるんだけど。波にぐるぐるされているうちに、いろいろ脱げたのかな。黒い下着のパンツに黒い靴下、黒いショートブーツ。上はぺらぺらのナイロンみたいな膝丈パーカー。これだけベージュ色」

　ブラジャーもしてないし、下着のパンツだけの素肌にいきなりパーカー、なのに靴下とブーツははいていたのか。なんとなく、その服装にも覚えがある気がする。どの女が、そんな格好をしていたんだっけ。はっきりとは、思い出せない。

　身に着けていた物が脱げたとしても、ネズミの入ったポーチはしっかり体に巻き付いていた。でも、ネズミって。

「そうねー、ペットのハムスターとか、なのかな」

歌舞伎町の名物の一つが、ネコかと間違うような巨大なドブネズミだ。その女は、ドブネズミとは一緒に死んでない。

「ネズミとリスって、尻尾が気持ち悪いミミズみたいか、もふもふ毛におおわれてて可愛いか、だけの違いだよね。でもコロナの頃は飲食店がみんな休みだったから、生ゴミが出なくてネズミも飢えて、共食いしてたらしいよ」

見た気がする。食いちぎられて、いびつな死骸をさらしていたドブネズミ。溺れ死ぬのと、どっちが苦しい。ネズミとしては、仲間に食われる方が嫌か。

「ネズミは、死にたい女の道連れにされたのかな。それとも、ペットを連れて遊びに出かけて、何かの拍子に川に落ちて、そのつもりはなかったのにネズミも死んだのかな」

女は、面倒くさそうでもなくうれしそうでもなく、淡々と死んだ女の話を続けた。

足元の鳩が、何に驚いたか一斉に飛び立っても、女は何の反応も示さなかった。

鳩と入れ替わるように、ピンクのウサギ耳つきパーカーの女が近づいてきた。この子も、立ちんぼ辞めたのか。でもこの子は、ベンチ前を横切っただけですぐ出ていった。

隣の子も、さっき話題にしていた子が来たというのに、まったく反応しなかった。隣に立っていたというだけで、友達でもないもんね。むしろ競合相手だ。きっと、互いに知り合いともいいたくないだろう。

……いつからか私は細切れに浅く眠るのが日常となっていて、長らく熟睡というものから遠ざかっていた。だから気がつけば、こんなふうにうたた寝していて、起きているときと寝ているときの境界が溶け合うようになっていたの。

気がつけば、すっかり夜になっていたわ。公園の周りには、立ちんぼと客、ここを変な観光地として覗き見に来る人達、そして動画撮影者でにぎわっていた。

でも、そのときは公園には誰もいなかった。私しかいない。そうだった、この公園は夕方になると門を閉め鍵をかける。日暮れの早いこの季節だと、五時半には施錠された。

なぜ私は、ここにいられるのか不思議だった。管理人は私を行き場のないホームレスと見て、ベンチを寝床に提供してくれたのかな。

いや、それはないね。私は柵の前にいるときから、管理人がベンチに居座るホームレスなど出ていかせているのを、よく見ていた。私だけ特別扱いなんて、ない。

振り返ってみると、柵越しにあの子と目が合った。肥った、髪の先だけ赤い子だ。昼間と同じ、黒いセーラーカラーのニットがはち切れそうだった。

私はこの子に向けて、口を開いた。彼女も、確かに聞き取ってくれていた。

「私は、岡山の北の田舎町で生まれたんだよ。まぁ、貧乏だったね。父親が病気なんじゃなくて病弱なふりして、働かなかった。何もせず、ぶらぶら、ぼーっとしてた。

母親が、朝から晩まで働いてた。道路工事もやってたし、夜は村で唯一の飲み屋にも出てた。姉と兄がいたけど、どっちも早くに出てったよ。どちらも、すぐに連絡は取れなくなった。兄はやくざ者に、姉は男と逃げたと聞かされた」

陰鬱な景色の中に、なつかしい我が家。違うか、なつかしい景色の中に陰鬱な我が家。

「隙間風の入り放題の、古い木造の平屋建て。風呂は薪で焚いてたし、便所は外にある汲み取り式だよ。そんな家の前の川で、洗濯してた。でも、うちだけじゃなく村の人はだいたいそんなだった。お伽噺《とぎばなし》みたいだよね、都会の平成生まれの子には」

この子が平成生まれなのは間違いないとして、都会の生まれではない気もする。

「私は、いい子といえばいい子だったかな。兄や姉に比べれば、というだけでね。地元の高校出て、最寄り駅の近くにあった洋品店に勤めたよ。

最寄駅っていっても、歩いて三十分くらいかかる。都会の人から見たらそこもとんでもない田舎でも、駅に近いってだけで、私にはきらめく街に見えた」

実家と同じで、二度と行くことはない場所。きっと、今帰っても驚くほど何も変わってないだろうね。建物がみんな低いから、やたら空が広い。でも、解放感はない。

「初めて、彼氏ってのもできた。同じ商店街にあった食堂の息子でね、食べに行くうちに親しくなったんだわ。初めての男だもん、それだけで夢中になるよ。

でも二股かけられててね、あっちの女の方に行っちゃった。スナックのホステスで、ずっと私より派手で美人で、男あしらいも上手かったからね」

あの頃は、手首を切るとか、風邪薬を大量に飲むとか、そういうのはあまり聞かなかった。

スマホもないし、玄関の下駄箱に家族みんなが使う黒電話が乗っていただけ。
「そこから私も、おかしくなっていった。ほら、博打に負けた人って、次に賭ける金を働いて稼ごうとするなら、まだ深みにはまってないよね。博打は趣味、娯楽で済む。博打で負けた金を博打で取り戻そうとするようになったら、破滅一直線」

思えば兄は、たぶんそれでいなくなった。

「私も、次こそ誠実な男と交際しよう、とならずに、もっと悪い男達を渡り歩くことで、最初に私を捨てた男を見返せる、勝てると思い込んじゃった」

思えば姉は、きっとそれでいなくなった。

「洋品店は辞めて、まずは水商売の店に鞍替え。親には、深夜もやってる喫茶店と嘘ついてた。だけどやってることは、ホステスじゃなかった。

今でいうパパ活か。あの頃は援助交際なんて言葉すらなくて、ウリっていってた」

初めてのことは躊躇《ためら》いがあっても、一度やればすぐに慣れる。何事もだよ。野宿も泥棒も。やったことないけど、人殺しも。ただし死ぬことは、一度しかできない。

「やくざ者に売られたし買われたし、悪い薬も覚えさせられて、刑務所も入ったんだよ。出所して家出して、そのときどきの男と居場所とを転々とした」

きっと、あんたもだろう。そんな目をしている。鳩も、高い空はあまり飛べないね。

「健ちゃんとどこで出会ったか、実はあんまり覚えてないんだよ。気がつけば隣にいた、というか。かっこよくもないんだよ。ブサイクの部類。一目惚れ、とかじゃないね」

あんたはホストクラブなんかで、いつも顔のいい男に一目惚れしてるのかな。たまたま隣に来てくれたという男に、運命を感じるタイプかな。

「関西出身の健ちゃんは浅黒くて小太りで、お地蔵さんみたいな顔してて。食べ方がすごく汚いの。それも、まぁ愛嬌だったかな」

食べ方と性行為は、連動している。健ちゃんはアレも雑で下手くそだったけど、食べ方と同じで愛嬌にも可哀想さにもつながった。可哀想は惚れたってこと、って名言だね。一緒にアパート借りて、二人とも正業に就いてた時期もあったんだよ。

あんたにも、そんな時期あるよね。これからでも、できるじゃないか。あんた、だんだん姉に見えてきた。歳も全然違うのにね。

「よくいうよね、幸せな生活には体の健康、心の健康、ある程度のお金が不可欠だって。一つ損ねると二つ目も損ねるようになって、そうなると三つすべてダメになる」

損ねた一つ目がどれだったか、これもよく覚えていない。たぶん健ちゃんの体の健康と、私の心の健康の崩れが、ほぼ重なっていたんじゃないかな。

「巻き返せる人は、どれか一つ目を損ねても、二つ目に行かないで済む人だよ。残念ながら、といっていいのか。私達は、雪崩《なだれ》を打って三つともダメになった」

それにしてもこの子、柵の向こうにいるだけで、隙間に手を入れればさわれる距離なのに、はてしなく遠い距離感がある。

「アパートを追い出されることになったとき、健ちゃんが格安で中古車を手に入れた。布団から身の周りの物まで、載せられるものはみんな詰め込んだ。

ホームレスになるよりは、と私達は車上生活を選んだ」

ときおり柵の向こうの子は、柵からふっと抜け出してこっちに近づきもする。

「運転席に健ちゃん、助手席に私、とりあえず西の方面を目指したよ」

気のせいか、目の錯覚か、この子の輪郭が背景と曖昧になって、ときおり道路までが透けて見える。だけどこの子の目だけは黒々と濡れ、私を見ている。

「私達、どちらも西日本の出だったからね。東の限界が東京だったわけ。そっちより東には、なんか踏み込めなかった。ともあれ、健ちゃんと新天地を目指した逃避行、当てても果てもなく始まった。でも、健ちゃんが隣にいるだけでうれしかった」

いつの間にか、この子の後ろにピンクのウサギ耳つきの子も来てた。

「健ちゃんは辛うじて運転はできてたけど、日に日に弱っていってね。いつからか私が運転するようになった。無免許なんかじゃないよ。田舎で車がなきゃ生きていけないからね、高校出るときにほぼ全員が免許は取るの」

ピンクの子がいつの間にか、私の隣にいた。本当に一瞬のうちに、こっちに来ていた。

「空き地とか林の中、河原、あと道の駅ね。車上生活になってからは、私が日雇いでできる仕事を続けたよ。体を売る方は、なかなか客がつかなくなって来たからね。自然と、堅気の仕事に戻れたってわけ」

履歴書が要らない、なんなら日本語ができなくてもいい単純作業の場には、本当は国際線パイロットだとか、実はタワマンに住んでるとか、こう見えてハーバード大学卒だとか、楽しい嘘つきがいっぱいいた。

本当に質の悪い嘘つきは、君と結婚したいとか、真剣に交際したいとか、あなたを誰より大事に思っているとか、そういうことをいう奴。

健ちゃんは、言葉ではなく行動で示してくれた。だから私も、それに応えた。

「でも健ちゃんは、どんどん弱っていった。そこで私は一大決心をしたよ。実家に戻ってみることにしたの。健ちゃんを、畳の上の布団で休ませてあげたかった」

ベンチに腰かけたってことは、ピンクのウサ耳も立ちんぼはやめたのか。でも、服は替えていない。私は、着替えがないから同じ服のまんまだけど。

ていうか私、今どんな服を着てたっけ。いろんなものがどうでもよくなって、今すぐ私は鳩になってでもかまわない気にもなる。

「久しぶりに帰ってみたら、父は死んでた。壁の天井に近いとこに、遺影が飾ってあった。私には見せたことのない、笑顔だったね」

私の物は、ほぼ処分されていた。最初から、子どもなんかいなかったような家。

「母は、年月の分以上に老けていた。私もだろうけどね。母は驚きも怒りもせず、ただ困惑していたよ。私のことは、とうに死んだ者としていたらしい」

死んだと思っていた人が急に現れたら、まずは幽霊だと怖くなるか。

「うちは、二間しかなかったんだよ。玄関入ってすぐの所に、板張りの台所があったけど。そこは、布団を敷ける広さはない。その向こうに、畳の部屋が二間。

昔は片方に親、もう片方に子どもが寝てたんだけど、母だけになってからは一間を居間にして、一間を寝室にしてた。とりあえず私ら、居間の方に居ついた」

ふっと、またピンクのウサ耳が消えた。一瞬、目玉だけが遅れて虚空《こくう》に残っていた。

「うちの裏手の空き地に、私がいない間にプレハブ小屋を建ててた。なんだかんだガラクタを入れてたんだけど、ある日うちの母が、そこに寝ろっていってきた」

物置だったけど、犬のいない犬小屋みたいだった。窓もなく、下はコンクリート。健ちゃんは、文句をいわなかった。文句をいう気力も、なくなっていた。

「ひどい母だと思うでしょ。でも私らも母の年金を当てにしてたし、母は嫌々ながらも私らを置いてはくれていたんだ。出ていけとは、一度もいわなかった」

母屋の風呂やトイレは使わせてもらっていたけど、健ちゃんが気を遣うし、しんどくなるしで、たらい持ってきて体を拭いてあげたり、尿瓶《しびん》やおまるを持ち込んだ。本当に家畜小屋みたいな臭いが、充満した。

「ある日ついに健ちゃんが、出ていきたいといった。私ら、また車上生活に戻ったんだ。こっちのほうが気楽でいいね、って。

あんた達はどこから来てるのか知らないけど、ここを目指して来て、ついに到達したってことなのかな」

そういえば私がしゃべるだけ、私が話しかけるだけで、この子は返してくれない。それでもこの子はずっと私の方を向いているし、立ち去らない。

「健ちゃんはずっと車で休んでて、私が働いた。しんどくても、車に戻れば健ちゃんがいる。待っててくれている。それを楽しみに、働いた」

ねぇ、何か返してよ。私が一方的にしゃべってるだけじゃない。といいかけ、最期の方は健ちゃんもだったな、となつかしくもなる。

「寒い日だった。帰ってきたら、健ちゃん死んでたの。あっけなく、でもないな。長患いの末に、とうとう、だもんね。悲しい、寂しい、もちろん泣いたけど。どこかでほっとしていたのも確かだわ」

もう、心配しなくて済む。ちゃんと待っててくれるか、ふっとどこかに一人で行ってしまわないか、不安にならずに済む。

「健ちゃんを毛布で包んで、ずっと助手席に寝かせてた。死んだと届け出たら、健ちゃんはどこかに運ばれたり、焼かれたりしてしまう。私の隣から、遠くに行ってしまう。独りぼっちは嫌だ。でも、健ちゃんの後を追うのも怖かった」

だって、死ねば必ず同じ場所に行けて絶対に再会できる保証、そんなのないよ。

「だったら、遺体だけでも隣にいてくれる方がいい。健ちゃんが生きていた頃と同じように、いつも隣の助手席に待たせて、私は働きに出て、健ちゃんの隣に戻った」

また、ピンクのウサ耳が戻ってきている。変だな、黒ワンピとほぼ重なっている。そうして、なつかしい臭いがする。内臓が腐ると、体の穴という穴から漏れだすんだよね。

「だけど、ついに別れる日が来たの。車から異臭、腐敗臭が漏れ出ていて、通報されちゃった。私はもう慣れていたから、そんな臭いと思わなかったんだわ」

そういえば、長らく風呂に入ってないけど、自分が臭いとは思わない。この子らも、近づいても無臭。異臭すらない。そうだ、公園も何も匂いがない。

「いつものように車に戻ってきたところで、待ち構えていた警官に逮捕されたわ。死体遺棄でね。殺人も疑われたけど、それはすぐ嫌疑は晴れた。でも、健ちゃんとは離れ離れにされて、私は拘束された」

そういえば私、長らく食べてないけど、空腹も感じない。そもそも寒くもない。

「執行猶予はついた。だけど裁判の最中に、母が死んでいるのも知らされた。私にはもう、誰も待つ人がいなくなった。帰る場所は、ない。行く場所以上に、ない」

あんた達には、あるの、帰る場所。あんた達を、金を運ぶ人として待っている男の元には行くけど。それは、行く、だね。帰る、ではない。

「だから、車も手放してここに流れ着いた。帰ってきた、ともいえるのかな。でも、もうこんな女に金払いのいい客はつかないよ。あんたらみたいなホスト狂いの若い可愛い子が、電線にとまる雀みたいにいるんだもの」

私、行きたい場所はなかった。帰れる場所と、いつも隣にいてくれる人が欲しかった。

「ある晩、あんまりお腹が空いてさ、もう恥も外聞もなく、飲食店のゴミ箱を漁ろうかと迷っていたら、足元にネズミが来た」

田舎より、都会の方がネズミは大きい。もちろん天井にいるクマネズミと繁華街にいるドブネズミは元々の大きさが違うけど、都会の方が餌が豊富だもん。でもそのネズミは、田舎のネズミみたいに小さかった。

「そのネズミと目が合ったとき、瞬時にわかった。健ちゃんが生まれ変わったんだって。そのネズミも、体が弱ってた。死期が近いのがわかった。だから、そっと捕まえた。やっと帰って来たね、って」

私はいつも持ち歩く紙袋の中に、ゴミ捨て場で拾ったまた使えそうな衣類や雑貨、落とし物や忘れ物をとりあえず入れる癖がついていた。

なんとなく拾ってそのままにしていた、黒いウエストポーチ。ネズミ、じゃない、健ちゃんを入れるのにちょうどいいなと引っ張り出した。

ふと顔を上げると、私が柵の前に立っていて、黒いワンピの肥った子と向き合っていた。この子は、通路側にいる。つまり、体を売っている。

「おばちゃんの話し相手になるためだけに、ちょっとだけ公園内に入ってたの。

あのピンクのウサギ耳も、自殺したよ。私はたまに薬がいい感じに効いてるとき、死者と会える。親切というより、お節介かな」

「おばちゃんも、あたしの隣に立ってたこともある。そんな薄い縁でも、あったんだから。隣人の親切として、死んでることをちゃんと教えてあげたかった」

ネズミの健ちゃんと、川に入った日を思い出す。ふと、自分の着ている物を見下ろす。

黒いパンツに黒い靴下、黒いショートブーツ。上はぺらぺらのナイロンみたいな膝丈パーカー。これだけベージュ色。どれも腐敗した汁で変色してる。

健ちゃんは、私の隣からどこへ行ったんだろう。ふわっ、ピンクの耳が見えた。

※

朝間さんがいう黒いワンピの子と、ピンクのウサギ耳の子は、私も何度か話したことがある。どちらも確かに、いつの間にか見なくなっていた。

隣に立っていても、心はとても遠いところにあった仲間ともいえない仲間達。
隣に座っていても、魂はとても遠いところに旅立っていた相方。いや、可哀想な健ちゃんの
肉体は朽ちても魂はずっと、寂しい朝間さんの隣にい続けたのだ。

地獄のドリンクバー

探偵小沢

たんていおざわ
東京生まれ東京育ち。新卒で探偵になり、業界歴は15年で手がけた浮気調査は1000件を超える。X（旧:Twitter）・YouTube・ラジオを始め雑誌取材やTV番組出演など、さまざまなメディアで活躍中。日本の探偵で唯一、数万人のフォロワー・ファンを抱える現役私立探偵。専門は浮気調査で尾行が得意。好きな言葉は『事実は小説よりも奇なり』。

「探偵が話す怖い話」というフレーズから、みなさんはどんな話を連想するだろうか？

「旦那さんの不倫相手が依頼者さんの双子の妹だった！」

「奥さんが中学生の息子の同級生と肉体関係を持っていた！」

「浮気調査で尾行していた対象者が張り込み中に自殺していた！」

一般人では想像し得ないようなドロドロの不倫エピソードを連想するかもしれない。

だが、探偵の僕から言わせてもらえば、そうした調査は驚きこそあるが、恐怖を覚えることは少ない。むしろ、一見なんの変哲もない浮気調査にこそ、ドラマがある。調査中に僕らが垣間見ることになる不倫カップルと依頼者さんとの複雑な人間模様、人間に対して抱く恐怖にも通じるドラマがそこにはあるのだ。

新卒で探偵となって今年で15年。手がけた浮気調査は１０００件を超える僕、探偵小沢が今回みなさんにお話しするのは、あえて何の変哲もないとある浮気調査のエピソード。

だが、そこから探偵という仕事を通じて垣間見る人間の恐ろしさを感じてくれたら嬉しい。

はじまりは、ある女性の依頼者さんから届いた相談ＤＭだった。

お問い合せ内容：今回、浮気調査をお願いしたくご連絡させていただきました。
【調査地域】
自宅⇓埼玉県〇〇市／夫の職場⇓東京都〇〇区
【詳細】
夫：38歳／妻（私）：36歳／結婚2年目

《２０２×年7月》
7月ごろから夫の態度に変化があり、話し合いを求めるも拒否され続けたのでスマホを確認したところ、嘘をついて職場の女性と二人きりで食事に行ったりＬＩＮＥ・電話を頻繁にしていることが発覚しました。内容を見たことを伝え、肉体関係が無いことはその時点では明白だったので「連絡を頻繁に取るのはやめてほしい。食事に行く際は嘘はつかないでほしい」と伝えるも、「不倫じゃないのにやめなきゃいけない意味もわからないのでやめる気はないし、嫌なら離婚でもなんでも勝手にしたらいい」と言われました。

今年の5月にはペアローンで家を購入したばかりで、どうしても不利になるような離婚は避けたいと思っています。どうかお力貸していただきたいです。よろしくお願いいたします。

日本一有名な私立探偵だと、ほぼ毎日のようにこの手の浮気調査の依頼相談が届く。まったく世も末である。

だが、この依頼者さんの概要文は読んだだけで背景にある濃厚な人間ドラマが浮かび上がってきた。7月以降、8月、9月、10月にわたってＤＭを送ってくれたことで、状況は把握できた。おそらくまだ不倫の芽は育ち切ってはいないが、真っ黒な不倫に育つことは明白だった。そして、このまま不倫の証拠が得られなければ最終的には「性格の不一致」を理由に、相手のいいように離婚されてしまうのがオチだろう。そんな依頼者さんの未来が浮かんだ。

探偵会社に所属する、いわゆるサラリーマン探偵と異なり、私立探偵である僕の最大のメリットは依頼者を選べる点にある。

ドラマを感じたら依頼を受ける——これが僕の信条である。

すぐに返信し、対面での契約の日程を決めた。

意外に思うかもしれないが、探偵は警察の公安委員会の認可を得て業務を行なっている。だから、しっかりと届出を受理された探偵でなければ、張り込みや尾行ができない。また、その際は依頼者に対しての重要事項説明が伴った契約が必須となっているのだ。

探偵と依頼者の契約の場といえば、ソファーがある事務所を想像するだろうが、イマドキの探偵である僕はそんな無駄な事務所は持たない。契約の待ち合わせ場所は、埼玉県某駅から至近のファストフード店だった。

「はじめまして、小沢です」

「はじめまして、イナミと申します」

物腰の柔らかそうな、優しい雰囲気の依頼者さんだ。ただでさえ得体の知れない探偵と会うのは緊張も疲弊もするだろうに、イナミさんは精一杯の笑顔で挨拶をしてくれた。

探偵に依頼する依頼者さんのメンタルは、契約時がどん底であることがほとんどだ。

「信じていた者に裏切られて、極限の精神状態にある人間を誘導することはたやすい」と、以前に勤めていた探偵事務所の上司が教えてくれたことがある。当時はその言葉の意味がわからなかったが、今なら理解できる。

探偵はいくらでも人の弱みにつけ込める立場だ。だからこそ、信念を持って向き合わなければならない職業でもある。

僕は事務的に書面契約をする目的というよりも、依頼者さんの話を聞くために契約の場へ足を運ぶ。依頼者が探偵を選ぶように、探偵もまた依頼者を選ぶ。探偵も普通の人間だ。

依頼者さんに感情移入できなければ、ドラマを感じることができなければ、調査に対して全力で臨むことはできないのだ。

調査を進めるに際して、今後の方針や知っておくべき情報などの聴取がひととおり終わったあと、イナミさんがホットコーヒーを飲みながら言った。

「私の父が、最近亡くなったんです。ガンでした。発覚したのが7月ごろで、ちょうど私が旦那に職場の女と会うのはやめてほしいとお願いをした直後でした。父の急な入院などで私が忙しくなってしまい、自然と職場の女のことを追及している余裕なんてありませんでした。それをいいことに、私が父のお見舞いに行ってるときも職場の女と頻繁に会っていたようです。そんな夫婦の問題を相談できる相手もおらず、たまらず病床の父に悩みを吐き出してしまいました。それを聞いた父は『わかった、私から○○君に話をしてみるよ』と言ってくれて、次に旦那と一緒にお見舞いに行った際に、父が旦那とふたりきりになるタイミングで『○○君、夫婦の問題に義理の父親が口を挟むべきじゃないことは重々承知の上でのお願いなんだが、どうか娘と膝を突き合わせて話をしてあげてほしい。最後のお願いだから』と話を持ち掛けてくれたのを父から聞きました。ですが、旦那が私と真摯に向き合ってくれることはないまま、父は亡くなりました」

旦那はイナミさんの父親の葬儀の最中にも職場の女性に対して「今すぐここから抜け出して君に会いたい。早く夜になって電話がしたいよ」とＬＩＮＥしていたという。

「悔しくて、情けなくて……調査に関係ないこと話しちゃって、すいません……ずっと誰にも言えなくて……」

彼女はポロポロと涙を流した。圧倒的な人間ドラマを目にしたその瞬間、僕は何が何でも証拠をつかむことをイナミさんとお父様に誓った。

調査初日、夕方から対象者の会社で張り込みをする。

定時を少し過ぎたころに、対象者である旦那さんが単身で出てきた。旦那さんを尾行していくと会社近くの路地裏で、先に退勤していた女性と合流した。

ひとまず退勤後に女性と接触した事実をイナミさんにＬＩＮＥで報告するとすぐに返信があった。

「うわー……吐きそう……」

その後ふたりは会社の最寄り駅付近の路上で小1時間ほど、ずっと立ち話をしていた。その様子を見るに、たしかに同僚以上の関係ではあるものの、肉体関係にはまだ発展していないという印象を受けた。ふたりが別れたあとは、探偵は女性を追う。自宅を特定するためである。つくばエクスプレスに乗り、とあるローカル駅で降車した女性は、コンビニでレモンサワーとゆで卵を買って、やや新しめの木造アパートへ帰宅した。僕らはこの日から、相手の女性を「ゆで卵の女」と呼ぶようになった。

そして2回目の調査。同じく夕方から対象者の会社で張り込みをしていると、今度は対象者と女性が一緒に出てきた。

（もしかして会社内でも不倫が公認されている仲なのだろうか……）

そんなことを考えながら尾行を開始する。前回と同じ路上付近でまた立ち話が始まった。

どうやら、この退勤後のおしゃべりがふたりのお決まりのルーチンらしい。僕ら探偵はその様子の一部始終をビデオハンディカメラで撮影する。

どこか店に入るわけでもなく、1時間半ほど立ち話を続けたのち、ふたりは解散した。そして、女性はまたしてもコンビニでゆで卵を買って帰宅した。ここまでの調査の映像を依頼者であるイナミさんにＬＩＮＥで転送すると、返信があった。

「見ました……想像していたものが現実のものとして目の前に現れると、わかってはいたとしてもやっぱり動揺しちゃうもんなんですね。今、動悸が止まらないです。ショックで吐きそうなのに映像のすごさもあって……ショックと感動が……」

一般的なイメージからすると、浮気調査を依頼した奥さんは、旦那と不倫相手の女性がラブホテルに入っていく証拠を見てショックを受けるものだと思いがちだ。だが、実際は違う。奥さんがいちばん最初に大きなショックを受けるのは、旦那が不倫相手の女性と仲良く会話をしている事実に対してなのである。路上で仲良く会話する男女という、何の変哲もない普通の映像こそが、依頼者さんを恐怖と絶望のどん底へと叩き落すのだ。

3回目、4回目、5回目の調査も、ほとんど同じような流れだった。連日の立ち話の様子を観察していると、調査初日はわりと距離感があったようにも感じたが、次第に動きやリアクションが大きくなり、スキンシップも見られるようになってきた。

探偵は不倫カップルの不貞の証拠を撮るだけではなく、不倫カップルの愛が育まれていく過程を見守ることも仕事だ。ふたりが一線を越えるときは近い——僕は感じていた。

そして2週間後の金曜日、ついにその日はやってきた。

会社から出てきたふたりは、いつものように定位置で立ち話をする。その様子を監視していると、今日はやけに女性のほうが積極的にスキンシップをしかけている。これはもしかして……いつもは会社の最寄り駅前で解散するはずなのに、一緒につくばエクスプレスの電車に乗り込んだのだ。僕らも意を決してあとを追う。女性の自宅の最寄り駅で降車したふたりは、恋人繋ぎで夜の住宅街を歩いている。そして、コンビニの前で立ち止まると、女性だけ店内に入り、旦那は外で電話をかけ始めた。

　購入品を確認すると、おそらく今日の夕飯と明日の朝食と思しき2名分の飲食物、そして、またもやゆで卵を2パック買っていた。

　女性がコンビニから出て旦那と合流し、ふたりが再び恋人繋ぎで女性の自宅へと向かって歩いていく。このタイミングでイナミさんからＬＩＮＥが来た。

「たった今、旦那から電話がありました。今日は飲み会の帰りに会社の同僚の家に泊まるから夕飯はいらない。明日の午前中には帰る。だそうです……よろしくお願いします……！」

　僕らも尾行班と女性の自宅前に先回りしての待機班とに分かれ、人気《ひとけ》のない夜道で息を潜めながら尾行と張り込みに集中する。

　そして見事、ふたりが女性の自宅に入って行く瞬間の撮影に成功。不倫カップルの愛が成就した瞬間だった。女性の家の玄関ドアが閉まる時刻を記録する。

「23時38分」

イナミさんに報告のＬＩＮＥをする。

「やりましたよ。女の自宅での泊まり不貞です」

「すごい……ありがとうございます。手が……震える……泣いてるけど、嬉しい」

浮気調査の依頼者さんの心境は複雑だ。配偶者の裏切りを黙認しながら、探偵が調査をするその日に、不倫相手と不貞に及ぶことを願わなければならないからだ。だが、不貞の証拠が撮れたということは、配偶者を信じたいという最後の望みも絶たれたことを意味し、同時に有責配偶者に対しての慰謝料請求に加えて、非常に有利な条件で離婚の財産分与が可能になる切符を手にしたともいえる。

一瞬も気が抜けない夜通しの張り込みの末、翌朝の午前8時14分に旦那が女性の自宅から出てきた。言い逃れのできない泊まり不貞の証拠だ。朝日に照らされて眩しそうに駅まで歩く旦那を確認し、この浮気調査は幕を閉じた。

だが、このあとに旦那を待ち構える恐怖……いや地獄を想像すると、僕は興奮した。

イナミさんは旦那が家に帰ってきたら、こう声をかけるつもりらしい。

「おかえり。ゆで卵、美味しかった？」

だがイナミさんの戦いは終わらない。むしろ不貞の証拠を入手してからが正念場である。探偵を雇って入手した不貞の証拠の使い道は大きく分けてふたつある。

ひとつは、証拠を離婚に向けて使う。もうひとつは、証拠を不倫相手の排除（夫婦関係の修復）に使う。イナミさんは前者を選択した。

ところで、今日の日本における民法でいう不貞行為に対する慰謝料請求の相場は、約100〜200万円。もちろんケース別の細かい要素が関係したり、そもそも慰謝料だけでなく婚姻費用（コンビ）や財産分与額を含めるかなどによってその金額は大きく変わってくる。だが日本では、ざっくりいうと慰謝料というのは約100〜200万円程度というのが過去の判例で決まっている。

高いか安いかは人それぞれの感覚で異なるだろうが、傷ついた依頼者さんを目の当たりにする探偵という立場から言えば、この金額は低すぎる。互いに弁護士を立てての請求となると、そこからさらに金額は減る。そんな理由もあって、僕は無事に不貞の証拠が撮れた依頼者さんに対しては、不倫相手との直接示談交渉を勧めるケースがある。なぜなら示談交渉には慰謝料の相場はなく、青天井だからだ。

もちろん、すべての依頼者さんに勧めているわけではない。不倫相手と直接対峙するわけだからそれ相応の胆力が必要となるため人は選ぶ。さらに、不倫相手側の性格も関係してくる。

頭の中がお花畑な不倫相手も少なくないし、理性的に考えられない相手や攻撃性が高く気性が激しい相手だと話が通じないからだ。

だが、僕の見立てでは「ゆで卵の女」は話が通じる相手と見た。金銭的なメリットだけでなくイナミさんにとっても、不倫相手と直接話すことで見えてくるものもあるはずだ。調査報告書を渡す際にそれとなくイナミさんに示談を勧めた。

それから数週間後、イナミさんからＬＩＮＥが来た。

「こんにちは！　その節は本当ありがとうございました！　頂いた報告書を武器にいよいよ話を進めようと思うのですが、最後にもうひとつだけ小沢さんに依頼したくて……。

女性には弁護士先生から連絡する前に、まずは自分で直接会いに行って話をしたいと思い、何度か仕事終わりに会社出たところから張っていたんですが、旦那と落ち合ったりしてすぐに話しかけられなかったり、そもそも尾行してるうちに見失ってしまったりして全然声かけられなくて……なので、もし可能であれば話しに行く当日、私も会社付近に待機している状態で、小沢さんにまた会社出たところから調査していただき、『女性が1人になった』とか『旦那と離れた』と教えてもらったタイミングで声をかけられたら……と思ったんですが、こういった依頼も受けていただけるのでしょうか？　ちなみに、○月○日を予定しています」

もちろん、快諾した。こうして僕は再びあのふたりを尾行をすることとなった。

調査当日、相方の探偵とともに対象者の会社の最寄り駅付近でイナミさんと待ち合わせ、簡単な作戦会議を行なう。イナミさんは、女性に対して旦那と別れた直後に、現行犯逮捕のような形で声をかけたいと希望していた。

しかも今日はイナミさんの誕生日だそうで（なんて日に勝負をしかけるんだ……！）、旦那は外泊せずに最低でも終電では家には帰ってくるそうだ。だから、イナミさんは絶対に旦那に見つかるわけにはいかないので、付近で隠れていてもらい、僕らが尾行をしている様子をリアルタイムで実況中継しつつ、女性に話しかけるタイミングを見計らうことになった。

ゆで卵の女とイナミさんとを無事に引き合わせることが、僕らからの誕生日プレゼントだ。

いつもの定位置で立ち話が始まった。あっという間に1時間が経過する。このふたりの様子は嫌というほど見てきたので、僕は正直うんざりしていた。だが、あの日に一線を越えたあとのふたりは、親密なスキンシップをごく自然にするまでに関係が深化していた。ふたりは居酒屋へ移動し、一緒に夕飯を食べている………もはや、奥さんの誕生日であっても、不倫相手と食事するまでになってしまったのか……。

居酒屋を出たあとのふたりを尾行すると、またいつもの定位置に戻って立ち話を始めた。

しかも酒が入っているせいか、ついにはキスが始まった。多くの人が行き交う路上で、それもふたりの会社から離れていない場所でキスをしている。それも何度も何度も……。

盲目になっているふたりの姿は、依頼者さんの目にはどのように映るのだろうか。そんなことを考えながら、キスの撮影を続けた。

尾行を開始してから4時間あまりが経過し、やっとふたりは駅へと移動。その日もふたりは駅で別れることなく、一緒につくばエクスプレスへ乗車。急いでイナミさんを誘導し、僕らも一緒の電車へ乗り込む。

女性の家の最寄り駅に向かって走るこのつくばエクスプレスには、探偵ふたりと不倫カップル、そしてその奥さんが乗り合わせていた。


対象者が降車する駅があらかじめわかっていない電車尾行はかなり大変だ。油断しているとすぐに対象者と物理的に分断されてしまうからだ。ここまで来てつまらないミスで不倫カップルを見失うわけにはいかない。

相方の探偵は突発的な動きに備えて、不倫カップルのすぐ真後ろにポジションを取った。僕はイナミさんの横に立ち、不倫カップルからは姿が見えないように壁になる。イナミさんが苦笑いをしながら小声でつぶやいた。

「嫁の誕生日に何やってんだよ……まったく……」

みぞおちのあたりで手を組んでいるイナミさんの両手が、わずかに震えている。僕は胸が痛くなった。この仕事をしていると、よく思うことがある。それは、なぜ不倫をされた側の人間がここまで苦労をしなければならないのか、ということだ。

悪いことをしているのはあちら側なのに、その裏切り行為に気づかないフリをしながら、傷ついていないフリをしながら、探偵や弁護士を探して依頼し、第三者にもわかるような証拠を水面下で押さえる苦行が、なぜ被害者側に必要なのだろうか？

僕はひと言だけ声をかけた。

「大丈夫ですよ」

電車に乗っていた時間はわずか19分。だが、「人生でこれほど長い19分はなかった」とイナミさんはのちに言っていた。

女性の最寄り駅のホームでドアが開くと不倫カップルは降車した。奇妙な縁の4人の小旅行が終わり、ここからが本番だ。

不倫カップルは駅の改札を出たところでまた立ち話を始めたが、旦那の終電がもう迫っていたので間もなく別れることはわかっていた。ほかの通行人に紛れてイナミさんも改札を通過し、不倫女性の自宅方向にあるベンチに座ってスタンバイする。

改札横でイチャつく不倫カップルと暗がりのベンチで息を潜めて座るイナミさんの姿が僕の視界には入っている……なんだか妙なテンションになってきた。これから不倫女が驚き、慌てふためく表情を想像する……その光景を目撃するまで、あと少しの辛抱だ。

そして、ついに旦那と不倫女が別れた。終電に間に合うように改札を通る旦那とそれを見送る不倫女。電話がつながっているイナミさんに状況を伝える。

「時は来た――」

不倫女が自宅方面に向かって歩き出す。その先からイナミさんが不倫女に向かってスタスタと歩み寄り、声をかける。僕らはビデオハンディカメラを構えてふたりの様子を撮影する。

「すみません。○○の妻ですが。さっきまで旦那と一緒でしたよね？　話があるので、ついてきてくれますか?」

その台詞《せりふ》を聞いた不倫女は固まっていた。瞬きを繰り返すだけの不倫女の表情をビデオハンディカメラで撮影する僕。静まり返った地獄のような光景に、ニヤニヤが止まらない。不謹慎だと感じつつも、ドラマのようなワンシーンに立ち会っているのだ。

あぁ、やっぱり探偵は天職だ。

不倫女が小さく頷くとふたりは歩き出した。イナミさんの提案に従ってくれたようでひと安心である。探偵としての僕らの役目はここまでだ。

探偵は観測者であり続けなければならず、当事者になることは法律的にも許されない。ゆえにふたりの話し合いに参加することはできない。

だが、遠くから見守ることはできる。探偵ではなく、イナミさんの友人として。

不倫の証拠を持って直接不倫相手と示談交渉をするときには、密室での脅迫行為にならないよう、必ず公共の場に任意でついてきてもらう形で話し合いをする。

深夜まで営業しているファミレスに向かうふたりの後ろ姿は、夜道を並んで歩く仲の良い友だちにしか見えない。実際には、竿姉妹なのだが……。

ファミレスに入り、席につくふたり。横の席では4人のギャルが楽しく女子会をしている。

遠目の席から様子を窺《うかが》っていると、ふたりが席を立ち一緒にドリンクバーコーナーへと歩いていく。

「うわっ、これ……地獄のドリンクバーじゃないですか……僕だったら、こんな時に何を飲んだらいいのかわからないですけどね……」

「不倫女が飲む飲み物はクライアントさんが決めるんじゃないのかなあ」

「え、コーラと爽健美茶混ぜたりしたやつとかですか？」

「いやいや、ジュースとかじゃなくて水だったりするんじゃないかな、〝あんたはこれで十分でしょ〟って」

シリアスさに欠ける会話だって？　まぁ許してくれよ。こっちはこういう冗談を言うことで間接的に依頼者さんを励ました気になってるんだからさ。

経験上、不倫女というのは、どう出て来るのかの予測がつかない。不倫という誰もがわかる不誠実な行為をしているにもかかわらず、「彼が私に夢中なのは、あんたが妻としての務めを果たしてないからでしょうが！」などと逆切れするパターンもあるからだ。また、探偵の撮った証拠を目の前にしても不倫を一切認めず、示談書に断固としてサインをしない対象者もザラにいる。

そもそも普通の探偵は、基本的にはこういった場に立ち会わない。だが僕は私立探偵として、ご縁をくださった依頼者さんの戦友として、この話し合いがどう収束するかを見届ける義務がある……正直に言えば、こんな人間ドラマに興味があるのだと思う。

だって、依頼者さんも不倫女も、おそらく今日のことは一生忘れない。人生で一度あるかないかのショッキングな体験だ。探偵であるならば、それを見逃す手はない――。

イナミさんがテーブルの上に書類を広げている。僕が作成した調査報告書のようだ。

「おお、なんかすごい！　ドラマでよく見るやつじゃんか！」

僕らが何日もかけて調査し、精魂込めて作成した報告書をイナミさんから見せつけられて、うなだれ、絶望にも似た表情を浮かべる不倫女。そんな彼女の姿を見て、僕はものすごく興奮した。

「ざまあみろ」

という感情は、どこまでも甘美なものである。テーブルに頭がつきそうなぐらい頭を下げる不倫女。その後ろを配膳ロボットが通過し、横の席のギャルたちは楽天ポイントの話題で盛り上がっている。

「あぁ！　ここは、なんてエモいファミレスなんだ！」

僕はゾクゾクしながら、注文したフライドポテトにマヨケチャをディップした。

時計は深夜1時を回ろうとしていた。見守っている最中にも、イナミさんとたまに目が合う。

不倫女に声をかける直前の通話で、僕はイナミさんにひとつだけアドバイスした。

「示談書にサインさせることだけに固執するんじゃなくて、不倫相手と対面したときのご自身の気持ちや感情に対して嘘がないように。後悔が残らないことを第一にお考えください」

泣いている不倫女の姿が見える。

「おいおい、既婚者であることを知りながら、旦那と路上でイチャイチャ不倫してイナミさんを苦しめたのは自分なのに、なんでお前が泣くんだよ？」という感情が込み上げてきた。

探偵は不倫している人間の天敵というわけではない。依頼者さんの味方なだけだ。探偵だってただの人間だから、そりゃ依頼者にも肩入れをする。僕が不倫女の涙にイライラしていると、イナミさんも涙を流しはじめた。あまりにも濃厚な人間ドラマがそこにはあった。

不倫女が地獄のドリンクバー代金の１０００円札を置いて、ひとりで店を出ていった。すかさずイナミさんのもとに駆け寄り「お疲れさまでした」と声をかける。彼女は満面の笑みを返してくれた。

「小沢さんが言ってたとおり、ちゃんと話が通じる子でした。真摯《しんし》に謝ってくれて、めちゃくちゃ反省はしてました。ただ最初は嘘つこうとしてたみたいだけど、〝探偵をつけて、もう全部わかっている〟と伝えたら観念したのか、そこからは素直に話してくれました」

示談書の書面を出すと、不倫女は給料が安いため一括での支払いが難しく、母親に相談したいから、今日は判は捺せないと言った。ただし、ＬＩＮＥと電話番号を伝え、進捗の報告をさせてもらいたいと提案してきたという。

この提案をイナミさんは「信じますよ」と受け入れたという。

「実は私、すっごい辛かったのに、ずっと泣けないでいたんですけど、今日最後に泣けて良かったです。小沢さんたちも、ありがとうございました、とっても心強かったです」

閉店間際の深夜2時のファミレス、気がつけば店内の客は僕ら3人だけになっていた。

不倫女が置いていった1000円札で地獄のドリンクバーの会計をするイナミさん。本当にお疲れ様でした。

翌日——不倫女からイナミさんにLINEが届いたという。

「やっぱり不倫の事実はないので昨日の合意書にはサインできません。こちらも弁護士を立ててやらせていただきます」

やはり、不倫女は恐ろしい——。

隣は何をする人ぞ

～ある怪談作家の隣人録～

黒木あるじ

くろき・あるじ

1976年、青森県出身。現在は山形県在住。2009年、怪談専門誌『幽』主催「実話怪談コンテスト」でブンまわし賞受賞。2010年『怪談実話 震』でデビュー。怪談の著作に「無惨百物語」「怪談売買録」「奥羽怪談」各シリーズ、『山形怪談』『怪談怖気帳 屍人坂』など多数。また『掃除屋 プロレス始末伝』『葬儀屋 プロレス刺客伝』『破壊屋 プロレス仕舞伝』『春のたましい 神祓いの記』など小説も発表。

序

〈家運〉という言葉を聞いたことがおありだろうか。本来は一族の栄枯《えいこ》盛衰《せいすい》を運気になぞらえた語句で、名家の没落を「家運が傾く」、旧家の復興を「家運が盛りかえす」などと言いあらわす。なるほど、かつては〈家〉と〈血族〉が同義であったのだろう。もっとも現在は一族という概念そのものが廃《すた》れた所為《せい》か、読んで字のごとく「住居に関する運・不運」を示す場合が多いようだ。事実、占いの記事や風水のサイトに目を遣れば、住まいの吉兆を〈家運〉と表現しているケースが珍しくない。時代に合わせて言葉の持つ意味も変化していく実例といえよう。

さて、この現代的な用法に倣《なら》えば筆者は〈いささか変わった家運の持ち主〉らしい。進学のために実家を出てひとり暮らしを始めたのが一九九五年。それからおよそ四半世紀、これまで数多《あまた》のアパートや賃貸住宅を転々としてきたが、いずれの住まいでも隣室あるいは真上や真下の階に、とても印象深い――あけすけに言えば奇《あや》しげな隣人が住んでいた。いずれも騒音やゴミ部屋などといった一般的な迷惑行為の範疇《はんちゅう》におさまらぬ、すこぶる奇妙きわまりない人物ばかり。すなわち私は〈隣人運〉とでも称すべき、とかく風変わりな住人に遭遇しやすい質《たち》なのである。意図的にそういった場所を選んだつもりはないのだけれど、なぜか出遭ってしまうのである。

　本書の執筆依頼を受けて真っ先に思い浮かんだのは、そんな隣人たちの記憶だった。とっくに顔を失念してしまった人、もとより名前も知らない人、わずかに交流はあったものの鬼籍《きせき》に入って久しい人――彼ら彼女らとの日々がこれ以上おぼろげになる前に、とりわけ強烈な思い出を時系列で回顧しておきたいと思う。

　なお、登場するエピソードのいくつかは過去作でも紹介しているが、本稿はプライバシーや個人情報など現在の観点に照らしあわせ、若干の脚色を施している旨をご了承いただきたい。

二〇〇一～二〇〇五年

今世紀はじめ、晴れて社会人となった私はY市西部の古いアパートへ移り住んだ。学生時代は実家からの仕送りで小綺麗なアパートに暮らしていたのだが、就職を機に安月給で家賃が賄えそうな物件を探し求めたのである。

借りたのは二階の角部屋。六畳の和室にユニットバスと狭いキッチンが併設されており、砂利敷きとはいえ駐車場もついている。おまけに駅から徒歩五分という利便性の高さでありながら、家賃は月に二万五千円。築年数を鑑みても、これは非常に破格の物件だった。思わぬ掘り出し物に喜ぶあまり、このとき私は重要な事実を見落としていた。安いからには、それなりの理由があるということを。

その声をはじめて聞いたのは、転居からおよそ一年が過ぎた夜だった。

ちょうど真下にあたる部屋から、笑い声や泣き声が響いてきたのである。それも尋常な声音ではない。「響いてきた」という表現がけっして誇張ではないほど、異様なトーンの声であった。無理やり文字に起こすなら、笑い声は「あぎゃぎゃぎいぎいぎゃぎゃぎゃ」泣き声は「ぎいっぎいっぐっぐっぎいっぎいっ」となるだろうか。ジャングルに棲む猿の遠吠え、あるいは鉄骨を研磨するグラインダーの耳障《みみざわ》りな駆動を想像してもらえば、いかなる異音かを理解してもらいやすいかもしれない。

驚きつつ耳をそばだてるうち、私は声の主が女性であること、声量から察するに窓を開けて外に向かって発声していること、そして聞こえてくる時間には一定の法則があることを悟った。階下の住人は毎日午後の七時から一時間きっちり笑い続け、それが終わると今度は午後八時ちょうどから一時間ひたすら泣き続けるのだ。

当初、私は「おおかた彼女は役者の卵で、演技の練習でもしているのだろう」と楽観視していた。いや、心からそのように信じていたわけではない。そうでもして強引に自分を納得させなければ、とても平常心では暮らせなかったのである。もちろん「いっそ、部屋を訪ねてじかに文句を言おうか」とも考えたが、なかなかその勇気は出なかった。もしも役者の卵ではなかったら。こちらの想像とはかけ離れた人物だったら。そして、相手に自分の存在を認知されてしまったら――それを考えると接触する気になれず、二の足を踏んでいたのである。

こうして私が煩悶《はんもん》するあいだも「あぎゃぎゃぎゃぎゃ」「ぎいっぎいっぎいっ」は毎晩続いていた。わずか二時間とはいえ、連日ともなれば精神的なダメージが蓄積してくる。現在のようにスマホとイヤフォンで外界を遮断できる時代ではなかったから、私はじっと耐えるよりほかなかった。こうなると自宅で過ごす時間は苦痛でしかない。おかげで半年ほどが過ぎたころから、私は〈あの声〉が止む午後九時過ぎまで職場へ居残るのが常態化していた。幸か不幸か当時は残業など当たり前、徹夜も珍しくない時代だった。私は文字どおり寝る間も惜しんで働き、アパートへ戻れない理由を無理やりこしらえていたわけである。声への忌避感に加え、「ようやく自身の稼ぎで手に入れた一国一城の安らぎを、意味不明な声ごときに奪われたくない」との、ささやかな抵抗もあったように思う。

だが——そんな〈一国一城の生活〉は、あっさりと終焉《しゅうえん》を迎える。

部屋が燃えたのだ。

「おい、お前んとこが火事だぞ」

ある日の仕事中、知人からの信じがたい電話を受けて私は職場を飛びだした。慌てて自宅へ到着すると、はたしてアパートからは護摩壇を焚いたかのように勢いよく火柱があがっているではないか。紅蓮《ぐれん》の炎はどう見ても私の部屋から吹きだしている。信じられぬ光景を呆然と眺めつつ、私は「有り得ない」と漏らしていた。

ここ数日、留守にしていたからである。

大きなプロジェクトの納期が差し迫っていたため、私は火災の前々日から職場に泊まりこんでいた。おまけに当時は（非常に恥ずかしい話なのだが）料金未納でガスを止められていたのである。つまり、我が家に火の気などひとつもなかったのだ。

話を先へと進める前に、あらかじめ読者の疑惑を晴らしておこう。階下に住むくだんの女性は、この火災と無関係である。彼女が放火したわけでも失火したわけでもない。

原因は、ほかにあったのだ。

「すいません、この場所って火薬とか置いてました？」

鎮火の翌日、黒焦げの部屋で現場検証に立ち会っていた私は、消防署員から何度となくおなじ問いを投げかけられた。彼らが指すのは、おもてに面したガラス窓の中央部分——もちろん火の気などない場所である。

「いや、単なる窓だったはずですけど」

「でも……延焼の具合から考えて、この位置から出火したとしか考えられないんです。本当に燃焼物とかありませんでしたか？」

消防署員が首をひねるなか、ふいに私は思いだした。

その場所には女顔の能面を飾っていたのだ。数日前、リサイクルショップで驚くほど安値（数百円であったと思う）の能面を見つけた私は衝動的にそれを買いもとめ、カーテン代わりに窓へ吊るしていた簾《すだれ》へぶら下げたのである。

余談だが、この能面は焼け跡から半壊の状態で発掘されている。部屋すべてが消し炭になるほどの業火《ごうか》にもかかわらず、木製のお面だけは焼け残っていたのだ。そして、この〈能面火事〉を契機に私の周辺ではさまざまな怪異が起こりはじめるのだが、それらは本稿の主旨から外れるため割愛しておこう。

さて——出火の翌週、私は例の声の部屋を訪ねていた。

自身の失火でないとはいえ、自室から火が出たのは紛れもない事実。おまけに類焼こそ免れたものの、大量の放水で真下の部屋も水浸しなのはあきらかである。どう考えてもそのまま暮らし続けることは不可能に違いない。ならば過失の有無はさておき、騒動について詫びておくべきだろうと判断したのだ。

おそるおそるノックをして、待つこと十数秒。ドアを開けて出てきたのは、あきらかにサイズの合っていない毛玉だらけのセーターを着た女性だった。自身で切ったと思われる不揃いの髪。膜を張ったようにとろりとした目。年齢は判然とせず、二十代のようにも四十代のようにも見える。その容貌にやや戸惑《とまど》いつつ、私は二階の住人である旨を告げ、火災のことを詫びて菓子折りを差しだした。

けれども女性はこちらの謝罪に反応らしい反応を見せず、

「おいのりしまいたので。おいのりしまいたので」

早口で呟くと、踊るような動きで手をばささと振ってから、菓子折りも受けとらずドアを閉めてしまった。

怪談で口に糊《のり》する現在なら「いまの言葉はどういう意味ですか」「毎晩聞こえる声はなんですか」「あなたの部屋でも異変があったんじゃないですか」と強引に取材を敢行するところだが、あのころの私はそんな根性など持ちあわせてはいなかった。

だから、それきり彼女の行方は判らない。

ちなみに後年、このときの出来事と後日談を執筆したのがきっかけで私は怪談作家デビューを果たしている。禍福《かふく》は糾《あざな》える縄のごとし、結果的には災いが福へと転じたわけだが、さすがに二度と体験したいとは思わない。

二〇〇五〜二〇一一年

かくして焼けだされた私は、取り急ぎ不動産屋に頼んで新たなアパートへ転がりこむことになった。さすがに火事場周辺は気が引けて、おなじY市でも反対側に位置する山沿いのアパートを選んだ。間取りは焼失したアパートとほぼ一緒だが、家賃はわずかにあがって三万五千円だったように記憶している。

駅に近い前回の住まいとは異なり、今回のアパートは寂しい裏路地に建っていた。国道こそ近くを通ってはいるものの、周辺にスーパーやコンビニの類など一軒もなく、街灯も少ないために夜ともなれば深閑《しんかん》とした空気に包まれる――そんな場所だった。

それでも幸いなことに、隣人で悩まされる事態は発生しなかった。隣の部屋は高齢のご婦人で、ときおりゴミ出しの際に挨拶を交わす以外は然《さ》したる交流もなかったのだ。絶叫に悩まされぬ夜を過ごすうち「やはりあの部屋は異様だったな」と、改めて平穏な日々に感謝したことをいまも憶えている。

しかし――まるで、その静けさを埋めあわせるかのように、引っ越してほどなく私のもとには友人知人から奇妙な話が飛びこんでくるようになった。念のため申しあげておくが、当時は怪談作家としてデビューする以前であり、こちらから奇妙な話を漁《あさ》りに行くような真似はしていない。にもかかわらず「実は、このあいだ」「去年、友人がね」と、怪談に属する体験談が三日と空けず届くようになったのである。デビュー前に蒐集《しゅうしゅう》した話の七、八割は、このアパートで暮らした時期に聞いている。やはり、あそこも普通の場所ではなかったのだろうか。

では、そのなかでもひときわ印象深い「隣人にちなんだ話」を紹介しておこう。

不動産業を営む、Ｓさんという男性の体験である。

彼が管理を任されている一棟のアパートに〈奇妙な部屋〉があった。その部屋を借りた人間はきまって入居後に体調を崩し、一年と持たず退去してしまうのだという。

　彼がはじめに担当したのは県外出身の大学生。体育会系の推薦枠で入学したという頑強そうな青年だったが、半年後に「実家へ帰ります」と不動産屋を訪ねてきたときは見る影もないほど痩せ細り、顔色が泥のように濁っていた。

　次に入ったのは「ジョギングが趣味」と公言する単身赴任のサラリーマンで、こちらも入居時は小麦色の肌をしていたはずが、三ヶ月後に病院へ運ばれたまま二度と戻ってくることなく、同僚らしき社員が退去の手続きにやってきた。

　その後も入居者は続く。定年退職した老人、シングルマザーの母娘、バンドマンと思われる金髪の男性——年齢も性別もバラバラだったが、一年持った人間はひとりもいなかった。なかには「本人が入院しまして」と、家族が鎮痛な面持ちで申し出にきたこともある。

　入居のたびに敷金と礼金が支払われるのだから有難いといえば有難いのだが、さすがにこれだけ続くと界隈でも噂になりかねない。「あそこは呪われている」などと噂が立っては大変である。

　そこでSさん「ひとまず隣室の住人に〝困り事はないか〟と御用聞きを装い、事情をそれとなく訊いてみよう」と思いたったのだという。

　休日の午後に訪問すると、ドアをのっそり開けて中年の女性が顔を見せた。

女性はSさんの言葉を無言で聞いていたが、説明が終わるや手をびらびらびらびらと大きく左右に振って、

「だいぢょうぶです。わたくしはおいのりしておりますから」

嬉しそうに笑って、こちらに構わず室内へ戻ろうとした。

「あの、ちょっと、実は隣の」

慌ててドアを押さえる。と、女性の背中ごしに室内の様子がちらりと見えた。

隣室へ面した壁いっぱいに、赤い線が縦横に殴り書きされている。思わずギョッとして凝視するうち、Sさんは〈縦横に走る線〉の正体に気づいて息を呑んだ。

あれは——鳥居だ。この女性は、隣室に向かって巨大な鳥居を描いているのだ。

普通の神社なら、鳥居の先には神様のお社がある。だとすれば、隣の部屋には何がいるのか。女性は何に向かって祈っていたのか。もしや、退去が連続した原因は——。

訊ねる勇気はなかった。Sさんはそのままドアを離し、その場を去ったという。

半年ほどして女性は家賃を滞納するようになり、連絡が取れなくなった。まもなく遠縁を名乗る人物がやってきて、退去手続きから清掃まですべてを滞りなく処理していったそうである。それきり、女性の行方は杳《よう》として知れない。

「退去後に部屋へ入ると、赤いシミが壁にうっすら残っていました。すぐに壁紙を貼り替えた

ので痕跡はありませんけどね。そうそう、あの女がいなくなって以降は、隣室の退去はぴたりと止みました。ただ……」

どういうわけか、女性の部屋は数年経っても借り手がつかないままだそうだ。

なぜこの話を本稿で紹介したか、お判りいただけただろう。

似ているのである。前述の〈奇声の女〉と酷似しているのである。話者のSさんはY市在住ではないし、体験した時期も私の火事とは大きく離れている。それなのに共通項が異様に多いのだ。これは、たまたま近似しているだけなのか。それとも――。

二〇一二年

東日本大震災の翌年、私は住み慣れたアパートを解約し、妻になる予定だった女性と一緒に暮らすためY市中心部にある賃貸の一戸建てへ移り住んだ。

一軒家は昔ながらの民家然とした造りで、そのため部屋数が異常に多かった。一階は八畳の和室が三部屋に増設したとおぼしき広めのダイニング、そして古めかしい台所と男女別れたトイレ、タイル張りの浴室が設えてある。二階はダイニング同様に増築された洋間がひとつと、長い廊下を挟んで二十畳ほどの大広間という変わった構造をしていた。私と彼女のふたりではいささか持て余してしまうほどの広さで、とりわけ二階の大広間は有効な使い途が見つからず、彼女の「窓を全開にしても妙に雰囲気が暗い」という発言もあり、廊下に面した襖を閉めきり〈開かずの間〉にせざるを得なかった。ほかにも古い家ならではの難はいろいろとあったものの、それでも私は前向きな気持ちだった。この屋敷でまもなく新婚生活がはじまるのだ、新たな人生がスタートするのだと喜んでいた。

けれども、その願いは潰えてしまう。

相手のあることゆえ詳細は避けておくが、諸々の事情で入居から半年後に彼女は荷物をまとめて家を去り、あとには私だけが残されたのである。ふたりですら広すぎる一軒家でのひとり暮らしはひどく寂しいものだったが、それでも転居するつもりはなかった。更新時期は一年以上先だったし、当時は精神的にも経済的にも余裕がなかったのだ。結果、私は書斎に用いていた二階の洋間へ布団を敷き、一室のみで生活するようになった。要はこれまでのアパート暮らしと大差ない生活に戻ったわけだ。

「なに、妙な隣人に悩まされないだけでも御の字だよ」

そう嘯《うそぶ》きながら、私は半ば開きなおるように古屋敷で暮らした。正直なところ、他人に干渉されない日々を「それほど悪くないな」とも感じていた。

たぶん〈あの出来事〉さえなければ、いまも住み続けていたかもしれない。

やや気分も上向きはじめた、初秋のある日。

転居後はじめての大掃除を試みた私は、奇妙なものを目に留める。柱や鴨居、障子の桟など家じゅういたるところに、奇妙なシールが貼られていたのである。金色をした丸いシールは以前の住人が貼ったものらしく、ざっと勘定しただけでもゆうに百近い数があった。のちに、そのシールは某宗教団体のシンボルマークをかたどったものだと判明するのだが、当時の私はそんなことなど知る由もなく「退去時に自分が貼ったと思われては、敷金に影響が出かねない」と、目につく先からシールを剥《は》がしていった。いまになって振りかえれば、あの行為がすべての発端であったような気がする。

シールをひとつ残らず撤去したその晩、私は奇妙な音で目を覚ました。かりかりかりかり——壁か柱を引っ掻くような音がドアの向こう、廊下のあたりから延々と聞こえているのである。

「……ネズミだな。なんせ古い家だもの、天井裏に巣でもあるんだろう」

私はそう結論づけて布団を被り、音のことを忘れようと努めた。心を掻きみだされ、再び憂鬱になる事態を本能的に避けたのだと思う。もっとも、目を逸らしたところで効果はなかったのだけれど。

それから数日後の夜——帰宅するなり、私はその場で固まってしまった。

玄関を開けた先には、二階へ続く細長い階段が見える。その階段をのぼっていく何者かの後ろ姿が、視界にはっきりと映ったのだ。

やけに生白い、ちいさな足。子供か、あるいは老女だろうか。

驚く私を無視して、足の主は階段をあがると暗闇の奥へ消えていった。人影が向かった廊下の先には、あの大広間がある。

いつも寝ているすぐ傍らに、あの影は潜んでいるのか。

この家には〈人ではない隣人〉が棲んでいるのか。

以来、私は二階にあがるのを極力避け、帰宅後は一階の和室でテレビを大音量で流しながら過ごすようになった。風呂にもキッチンにも足を踏み入れず、仕事後はスーパー銭湯へ寄ってからコンビニで弁当やカップ麺を買うのが習慣になっていった。

健康的とは言いがたい食事の所為《せい》か、はたまた想像以上にストレスが溜まっていたのか、私は徐々に体調を崩しはじめ、明け方まで寝つけない日々が続いた。それでも、契約更新を迎えるまではなんとか我慢しようと決めていた——あの日までは。

初雪の降る夜であったと記憶している。

いつものように夕飯を食べ終え、疲れはてて寝転んだままテレビを眺めていた私は、部屋の一角にある〈妙な空間〉に気がついた。

壁を縦長の長方形にくり抜いて、奥へ押しこめたようなスペースがある。

むろん引っ越してきた際も目に留めてはいたのだが、そのときは「床の間の類だろう」と、あまり気にしていなかったのだ。しかし、座敷ならともかく居間然とした和室に床の間が存在するというのは、すこし合点が往かない。ならば、これはいったいなんなのだろう。

好奇心に駆られ、半身を起こして謎の空間へと近づく。長方形のスペースは、上下左右が緑色の砂壁で覆われていた。壁には爪で引っ掻いたような細長い傷跡が無数に刻まれている。

あきらかに何かを嵌める目的で造られた空間のようだが——では、何を嵌めるために造られたのか。ぼんやりと砂壁を見ながら「この空間におさまりそうな長方形の物体」を脳内で検索するうち、私は〈あるもの〉に行きあたって思わず声をあげた。

仏壇だ。

高さといい幅といい、仏壇であればぴたりと収納できる。すなわちこの空間は仏壇をおさめるために、あらかじめ設えたものではないのか。

しかし——私の想像どおりだとすれば、仏壇を入れたあとは爪を立てるどころか腕を差しいれる隙間さえないはずだ。なのに、なぜ爪痕がこれほど多く残っているのか。壁から天井まで引っ掻くような事態とはなんだ。もしや、あの剥がしてしまった無数のシールが関係しているのか。そもそも、あのシールはなんの目的で貼られていたのか。まるで〈何か〉を封じているかのようであったが、だとしたら、いったいなにを封じる必要があったのか。

疑問は多々あったが、答えは知りたくなかった。

知ってしまえば二度と戻れなくなる——そんな確信があった。

だから私はその夜、ここを去ろうと決めた。


退去当日、不動産屋に立ちあってもらい各部屋を確認していたときのことである。

久方ぶりに大広間の襖を開けると、畳いちめんに砂がうっすら積もっていた。

だが、窓はしっかりと施錠されていたはずだ。仮に天井や壁から砂がこぼれ落ちたとしても、これほど広い部屋に満遍なく積もるとは考えにくい。

「あの、これは」

「いいですいいです。ハウスクリーニングを入れますから」

慣れた口調で不動産屋がすばやく襖を閉じる。室内の様子を確かめなくて良いんですか——との台詞が喉もとまでせりあがってきたが、私はなんとか口を噤んだ。

大広間の砂は、わずかに緑がかっていたように見えた。その色の砂を用いている場所は、屋敷のなかで〈仏壇置き場〉以外になかったはずなのだが。

二〇一二年〜現在

〈人ならざる隣人〉から逃げるように転居したのは、Y市東部に位置するアパート二階の角部屋である。すでに物書きを専業にしていたため「安普請《やすぶしん》でも構わないので書斎にあたる部屋を確保したい」と要望し、紹介された賃貸物件だった。

六畳間が三部屋に広めのキッチン。バスとトイレは別になっており、そこに物置と駐車場がついて家賃は四万五千円。間取りを考えれば、最初のアパートも顔負けのお得な部屋である。安さに喜びつつも、私はこれまでの経験から「何か理由があるのでは」と危惧していた。

懸念したとおり、アパートでは大小さまざまな出来事が頻繁に起きた。若夫婦の刃傷沙汰《にんじょうざた》を止めたこともあれば、煎餅《せんべい》のように平たく潰されたハムスターの死骸を見つけたこともある。斜め下の部屋に住んでいた大家族はある日、一夜のうちに姿を消した。両親と子供たちの総勢五、六人が住んでいたはずで、窓越しにちらりと見た室内には大量の家具や荷物が置かれていた憶えがある。あれだけの家財を音も立てずどうやって運んだのかは、いまも不明のままだ。

と、かように個性派ぞろいな住人のなかでも、とりわけ強烈なのは真下の部屋に住んでいる

Ｈ氏だった。六十代後半の男性なのだが、いつも熟柿《じゅくし》のにおいを漂わせながら、ワンカップの瓶や缶ビールを手にアパート周辺をうろついているという〈筋金入り〉の御仁である。そんな人物であったから、私も当初は交流を持たぬよう彼を避けていた。向こうとて、私がおなじアパートの住人とは知らなかったに違いない。

互いの存在を認識したきっかけは〈侵入事件〉である。

現在の妻と交際中だった時分のある夜、彼女が仕事帰りに私の部屋へと立ち寄った。いつもどおりリビングに招き入れ、ふたりでコーヒーを飲みながら語らっていると——玄関でドアの閉まる音が聞こえた。

「えっ」

彼女が訪ねてきてから、二、三分は過ぎている。これほど長いスパンでドアが閉まるはずなどない。つまり、女性のひとり暮らしだと早合点した何者かが、彼女を尾行してドアを開け、室内へと侵入したものの、私の靴を発見し——。

声をあげそうになる彼女を手で制し、私は玄関へ駆けだした。

ドアを開けると、階段を駆け足でおりていくＨ氏の後ろ姿が見えた。彼は慌てた様子で、ズボンのポケットへ紐のようなものを押しこめている。その紐でいったい何をする気だったのか悟り、一瞬で怒りがこみあげてくる。

「おい、あんた！」

小心者の自分にしては、ずいぶんドスの効いた声をあげたものだと思う。怒声を浴びたH氏は身体をこわばらせると、しどろもどろで「いや、あの部屋を間違えて」などと弁明した。

「あんたの部屋は一階だろ。どうして二階の我が家と間違えるんだよ」

私の問いに彼は何も答えず、早足で自分の部屋へ逃げていった。

それから三十分ほど経ったころ、玄関のチャイムが鳴った。

すでに妻は自宅へ帰っていたが、忘れ物でも取りに戻ってきたのだろうか。いや、彼女は合鍵を持っている。わざわざチャイムを鳴らすはずなどない。ということは——。

ドアチェーンを確認してから数センチだけ扉を開けると、あんのじょうH氏がドアの前に立っていた。その手には、インスタントコーヒーの袋が握りしめられている。

「……さっきのお詫びです。コンビニで買ってきたんです」

「要りません。そんなものを貰う義理はないので」

押し問答のすえに彼をなんとか追いだし、ドアを閉めてリビングへ戻る。

すると、まもなく——さらさら、さらさら、と砂のような音が聞こえてきた。

なんの音かおぼろげに予想はついたものの、私はすっかり疲れはてており、アクションを起こす余力などなかった。

翌朝確認してみると、想像どおりドアの新聞受けへ無理やり押しこめられたインスタントコーヒーの袋が破け、玄関じゅうにコーヒーの粉がぶち撒けられていた。

住居侵入に加えての（善意のつもりなのだろうが）迷惑行為。この時点で不動産屋に連絡するなり警察へ通報するなりしても良かったのだが、なぜだか私はそのような気持ちになれなかった。哀れな独り身の老人に未来の我が身を重ね、彼の孤独に共感して——いや、この期におよんで嘘をつくのはやめておこう。私は彼に興味を抱いたのだ。モノ書きとしての好奇心にあらがえず、Ｈ氏がどのような人生を送ってきたか知りたくなってしまったのだ。

そんなこちらの心境を相手も察したのか、その日を境にＨ氏は私と交流を持ちたがるようになった。おりにふれては我が家を訪ね（さすがに前回のこともあるので室内へ迎え入れることはなかったが）「家族と疎遠になった理由」や「過去の仕事」「持病があっていつ死んでもおかしくない現状」など、思い出や身の上を話してくれるようになった。玄関先でコーヒーを振るまいながらの奇妙な語らいは、フィールドワークのようでも、セラピーのようでもあった。

やはり、腰を据えて話せば理解しあえない人間などいないのだ。これまでの隣人ともしっかり向きあえば良かった——などと、私は思っていたのだけれど。

そのうち、彼の話がよく判らない内容に変わりはじめた。

「走りまわる音で眠れない」だの「笑い声がうるさい」だの、訴えとも愚痴ともつかぬ言葉を吐いては、こちらの返答を待たずふらふら帰っていくようになったのである。ちなみに彼の隣室には高齢女性が住んでいたが、持病があるらしく入退院を繰りかえしていたため、月の半分も在室していない事実を私はすでに確認していた。

けれども、Ｈ氏にはその旨を告げなかった。ここで「文句なら本人に言ってくれ」と突っぱねてしまえば、彼は話し相手を失ってしまう。当事者ではなく私へ不満を言いにやってくるのも、彼なりの理由があるのだろう。それで寂しい彼が安寧を得られるならば、ひいては地区の自治に貢献できるならば、話を聞くなどお安い御用ではないか。そのように考えたのである。

だから——あの夜、階下のＨ氏の部屋から、どたどた走りまわるような音と大声が聞こえたときも、私はあまり気に留めなかった。「また酔っぱらったあげく隣室に怒っているのかな。次に顔を合わせたら事情を聞いてみよう」と考え、再び眠りについた。

間違いだった。

一週間後、取材を終えて自宅に帰るとパトカーが停まっていた。

赤いランプが暗闇を照らすなか、複数の警官がせわしなく動きまわっている。彼らが出入りしているのは一階にある真下の部屋——Ｈ氏が暮らす一室だった。

立ち尽くす不動産屋の女性職員を見つけ、近づいてそれとなく事情を訊ねる。

「あの部屋に入居なさっていた男性の方が急死したんです。家賃を滞納していて連絡もつかなかったもので訪問したら、すでに……」

職員の話では、いわゆる孤独死だったらしい。連絡が途絶えた時期から逆算すると、一週間ほど前には亡くなっており、倒れていた場所は奥の部屋の入り口だという。

その場所は、私のベッドの真上にあたる。

そこで、はたと気づいた。あの夜聞いたのは、苦しみ悶えてのたうちまわる音だったのではないか。あの怒声は、助けを求める絶叫だったのではないか。

あれだけコミニュケーションをはかっておきながら、救うことができなかった。最期の瞬間、彼はどれほど苦しかっただろうか。寂しかっただろうか。私はパトランプに赤く染まる部屋を見つめながら、悔恨の思いを深くするのだった——。

と、ここで終われば現代社会を象徴する悲話ということになるのだが。

それから半年ほどが経った、初夏のことである。

その日、私はおもてに面している窓を開けはなったまま執筆に勤しんでいた。

愛機のパソコンは窓のそばにあるため、外の音が非常によく聞こえる。階下では、中年男性と青年のふたり組がH氏の部屋から荷物を運びだし、トラックの荷台へ次々に放りなげる音が絶えず響いていた。

会話から察するに、どうもふたりは遺品整理業者らしい。そういえば生前、H氏は「家族と疎遠だ」と話していた。ならば遠縁の誰かが依頼したのだろうか。まだ、彼を気遣う人間がこの世にいたということか——と、複雑な気持ちで耳をそばだてていた、その矢先。

青年がおもむろに「これ、なんスかね」と声をあげた。

「なにって着物だろうがよ。いまどきの若ぇのは着物も見たことがねぇのか」

「いや、着物は判りますけど……これ、真っ赤ですよ。女物ですよ。おまけにサイズからして子供用だし。おじいさんが独りで住んでたのに、なんでこんなものをハンガーに吊り下げておいたんですかね」

どういうことだ——思わず椅子から腰を浮かせる。独り身の老人が赤い女児の着物を飾る理由など、まるで思いつかない。

ふいに私は「走る音がうるさい」というH氏の訴えを思いだした。もしや、あの夜に私が聞いたのは、逃げまわっている足音だったのではないのか。

逃げるって——なにから。

よほど階下に走っていって事情を聞こうか悩んだが、すんでのところで私は踏みとどまった。これ以上隣人に深入りしたら戻れなくなる、そんな予感がした。

その判断が正しかったのか、私は現在もおなじアパートで何事もなく暮らしている。真下の部屋は、空いたままだ。

終

いやはや、振りかえってみれば我ながらずいぶん奇しい人々に遭遇していたものだと自身の〈隣人運〉に感心してしまった。

それにしても、私はどうして奇妙な隣人が住んでいる物件ばかり引きあててしまうのだろう。知らず知らずのうちに、そのような魔所へ招かれているのだろうか。

だとしたら、それこそが怪談作家としての資質と言えなくも――。

「この結論、間違ってると思うんだけど」

原稿を読み終えるなり、妻はそのように告げた。

本稿の執筆にあたり、私は家人に内容を確認してもらっていた。多くの第三者が登場する手前、無意識のうちに差別的であったり個人情報に抵触した文を綴ってしまう事態は避けたい。

そこで、そういった箇所がないか客観的に確認してもらうため、脱稿前に一読を頼んでいたのである。

「ええと……間違ってるって、どういう意味かな」

発言の真意をはかりかねて戸惑う私を見つめてから、彼女が口を開いた。

「あなたさ〝自分は変な人のいる場所に引き寄せられているんだ〟って書いてるよね。じゃあ聞きたいんだけど、最初のアパートにいた奇声をあげる女性って、あなたが越してくる前から住んでたの？」

「……はっきり憶えてないけど、俺のあとに入居したような気がする」

「あとさ、知りあいが不気味な話を教えてくれるようになったのは二番目のアパートに入ってからでしょ？　一軒家で変なことが起きはじめたのは、婚約者が出ていってひとりで暮らすようになって以降だよね？」

質問とも確認ともつかない言葉に、黙って頷く。

「で……私と結婚する前からあなたが住んでる、このアパートだけどさ」

妻は床を指すような仕草で、自室を強調した。

「亡くなったHさんも、あなたより遅く入居したんじゃないの？」

「……そうだったと思う。その前は大家族がいて、その人たちが突然いなくなって……入れ替わるみたいにHさんが……」

「ほら、どれもこれも全部あなたが先なんだよ。だからさ」

あなた自身が、そういう人間を喚《よ》んでいるんじゃないの――。

本当に奇しい隣人は、あなた自身じゃないの――。

思いもよらぬ仮説に、慌てて私は弁解した。

「でも、いまの暮らしは平和そのものだろ」

「それは隣の部屋がたまたま空室だからでしょ。もしかしたら、次の〈奇妙な隣人〉を招き入れるための準備期間かもしれないじゃん」

「じゃあ、いずれ変な人が越してくると言いたいのか」

「いずれ……って言うか、昨日さ」

おもむろに、妻が玄関へと視線を向ける。

「引越し業者のトラック、アパートの前に停まってたよね」

つられるように私もドアを見つめた、次の瞬間。

ピンポン――と、チャイムが鳴った。

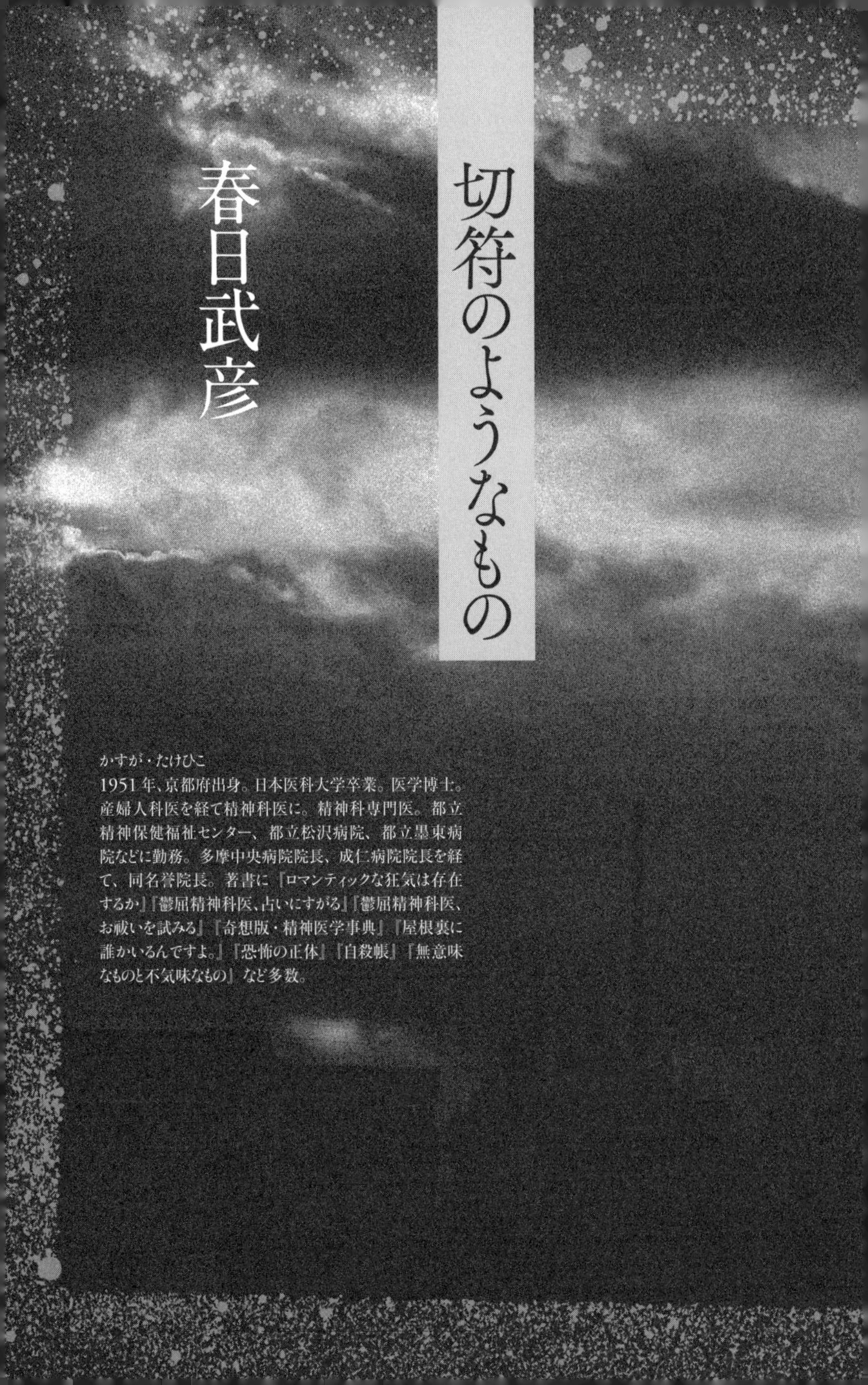

切符のようなもの

春日武彦

かすが・たけひこ
1951年、京都府出身。日本医科大学卒業。医学博士。産婦人科医を経て精神科医に。精神科専門医。都立精神保健福祉センター、都立松沢病院、都立墨東病院などに勤務。多摩中央病院院長、成仁病院院長を経て、同名誉院長。著書に『ロマンティックな狂気は存在するか』『鬱屈精神科医、占いにすがる』『鬱屈精神科医、お祓いを試みる』『奇想版・精神医学事典』『屋根裏に誰かいるんですよ。』『恐怖の正体』『自殺帳』『無意味なものと不気味なもの』など多数。

いや、そんなことはないです。精神科医なんて身も蓋もない職業ですからね。怖がる人を相手にすることはあっても、こちらが怖い思いをするなんて、まずないですね。そりゃあ、ストーカー化したり逆恨《さかうら》みをしたりする患者さんはいます。でも彼らは怖いというよりは、危険であったり「うんざり」する存在だなあ。少なくとも心霊的であったり超自然的ではありませんよね、むしろあまりにも世俗的であり人間的だ。まあ不条理という文脈には沿っているかもしれませんけれど、その不条理さを強引に精神の病気ということで解釈してしまうのが精神医学、いや精神病理ですからねえ。

わたし自身、いわゆる霊感なんか持ち合わせていませんし、怪談じみた出来事に遭遇しやすい体質でもありませんね。自殺だとか酸鼻《さんび》な事故なんかと出会う確率は比較的高い気はしますけれど、自殺は職業上出会いがちですからことさら驚いたりするわけでもない。結局のところお前の感性が鈍いだけじゃないか、なんて言われたら返す言葉もありませんけれどね、ははは。

ただし、ひとつひとつのエピソードはとりたてて語るに足るものではなくとも、それらいくつかのエピソードにちょっとした共通項があると、あとでそれに気付いたときにいささか不思議な気持になることはあります。共通項があるから一括りにはできるものの、だからそこに特別な意味づけが立ち上がってくるわけではない。とはいうものの、そんなときには、深くて真っ暗な古井戸を覗き込んだみたいな困惑に囚われることがありますね。しかもそれらのエピソードは、わたしの人生という時系列の上に散在している。あらためてそのように思うと、あれはいったい何だったのだろう、と不可解な思いが脳裏をかすめたりはします。でもそれはわたし個人の中で云々《うんぬん》されるべき案件ですからねえ。

そうしたものでよろしければ、はい、ちょっとお話ししてみましょうか。

最初から精神科医になろうと思っていたわけじゃないんです。心の不可解さに関心はありましたが、それよりはもっと大きなジャンルとして、グロテスクなものに魅入られていたんですね。気持が悪いし、おぞましい。得体が知れない。だから忌避《きひ》するというわけではなく、逆にじっと観察したくなってしまう。

わたしが小学校に入ったのが昭和三十二年でして、その頃はまだ世間の雰囲気が占領下と申しますか敗戦の混乱を引きずっていましたね。闇市こそなくなっていましたが、怪しげなマーケットなんて珍しくなかった。防空壕の残骸なんてときおり目にしましたし。社会全体が殺伐としていて、渋谷や新宿なんてヤバくて「いかがわしい」場所でしかなかった。そして、まだ傷痍《しょうい》軍人がいましたね。戦争で手足を失った軍人が働くこともできず、軍帽に着流しふうの白い病衣で街頭に立ち（足を失って立てず、土下座をしている軍人もいた。大概は二人一組だった）、アコーディオンやハーモニカで軍歌を奏でつつ物乞いをしている。あれは本物の軍人ではなくニセモノだという話もありましたが、とにかく悲惨さと胡散臭《うさんくさ》さとが混ざり合って強烈なインパクトがあった。

　で、幼かったわたしは、彼らが気になって仕方がありませんでした。手足を失った傷痍軍人、彼らの四肢における切断面が見たくてたまらなかったのです。切り口がどうなっているのか。ハムみたいになっているのか、削っていない鉛筆の端っこみたいになっているのか、切り落とされた木の枝の断面みたいになっているのか。しげしげと眺め、可能ならば自分の手で撫でてみたかった。が、さすがにそんなことは無理ですし、立ち止まって彼らと向かい合うことすらタブーのような雰囲気があった。だからそれは秘密の欲望として押さえ込んでいました。

　そうした記憶が伏線になっていたのでしょうか。医学部を卒業したら、法医学に進んでみようかと本気で思っていた時期がありました。実家が医院を営んでいるからそれを継がなければならないなんて義務はなかったので、進路選択は自由でした。もともと医学部に進んだのは自分に協調性やソツのなさが欠けていてサラリーマンは無理だし、自営業や職人はもっと無理だし、アーティストなんて賭けみたいな人生を送る度胸もなかったからです。病気に苦しんでいる人を救おうなんて高邁な志は皆無でした。食いっぱぐれがないからとりあえず医師を選択しただけです。

　そういった点において、いささか後ろめたさがあったのかもしれません。だから法医学者なんてニッチな選択肢が思い浮かんだのかもしれません。変わり者しか行きたがりませんしね。それに、推理小説のファンだったこともあって、親近感を覚えていた。指紋を採取したりルミノール反応やらさまざまな化学反応などの実習もあったのですが、こうしたものは上手くこなせた。法医学教室からも誘われましたね。法医に進めば、すぐに教授になれるよ、って。ライバルなんかいないのですから、確かにその通りなのです。

　にもかかわらず最終的には法医学を選ばなかったのは、学年が上がって臨床実習が始まってみると、やはり病んだ人たちと真剣に向き合うのには強烈な充実感がある。それに法医学ではアルバイトの口がない。早い話がよほど清貧を覚悟しなければやっていけない。だから諦めるというあたりが人間性の低さなのでしょうが、まあ仕方がない。いい加減な奴だという自覚はありますよ、恥じてもいます。今はもう居直っていますけどね、はは。

　さて法医学の講義を受けていたときのことです。

　階段教室は真っ暗で、大きなスクリーンにスライドを映しながら教授は講義をしていました。事故や殺人事件などに絡んで、損壊された遺体の写真が次々に映し出されました。切断された四肢の断面もありましたね。傷痍軍人に対する子ども時代の欲望が遂に叶えられたわけですが、別に感動したり震撼することがなかったのは意外でした。酷《むご》たらしい写真を取っ替え引っ替え見せられていたので、もはや感性が麻痺していたからかもしれません。今から振り返ってみますと、教授はわざとこうした写真を医学生たちに見せつけることで、法医学の人気のなさへの鬱屈《うつくつ》した仕返しを企んでいたのかもしれないなあ。

やがて一枚のモノクロの写真が登場しました。いったい何が写っているのか、戸惑いましたね。が、そのいっぽう妙に馴染み深いものが写っているような変な感触もある。そしてこれは何だかとてもヤバイものであるという直感が脳の奥を刺激していました。

横長のほぼ四角いものがスクリーンに投影されています。サイズが分かるように、その四角いものの脇には煙草の箱が置かれている。おそらく電車やバスの切符くらいの大きさだと思われます。目を凝らしてみると、どうやら人間の皮膚のようです。気付いてみれば、毛穴もあるし皺らしきものもある。ではどこの部位なのか。

皮膚を斜めに横切るように黒っぽいものが付着していたのですが、不意にその正体が分かりました。人の顔の、左側の眉の部分だったのですね。男性の顔の眉毛に相当する箇所の皮膚が（暴力的に）四角く剥ぎ取られていたのでした。教授の説明によれば、自衛隊のヘリコプターが海に墜落し、そのときに死亡した搭乗員の遺体の一部であり、回収作業のときに海面に浮かんでいたという。

墜落事故は真冬だったそうですが、冷たい海面に左側の眉――いや、その眉が生えている周辺の皮膚が四角く毟り取られ、ぷかぷかと浮いていたわけです。

黒くて濃い、いかにも男らしい眉でした。かつてはその眉が、持ち主の感情に応じてぴくぴくと動いたり、上下したり、顰《しか》められたりしたのでしょう。力強さや度胸を裏付けるシンボルにもなっていたのではあるまいか。でもそれ「だけ」が青く冷たい海面に漂っていたというのには、ひどく不謹慎な滑稽さが伴っているように思われました。もはや「福笑い」のパーツではありませんか。わたしはその陰惨なユーモアに息を呑むと同時に、あらためてその皮膚に対して「ああ、切符くらいの大きさだなあ」とひどく下世話な親近感を覚えていました。

あのスライド、もう一度見てみたい気がしてきたな。

じゃあ次のエピソードに行きましょうか。あ、珈琲のお代わりはいかがですか。美味《うま》いでしょ。かなり珍しい豆を貰いましてね。野生の猿が食べた珈琲豆が腹の中で発酵して、やがて未消化のまま糞に混ざって排泄されたものなんです。もちろん洗ってありますよ。アフリカ産でモンキー珈琲なんて呼ばれてますな。麝香《じゃこう》猫の糞から採れたやつはコピ・ルアックなんて小《こ》洒落《じゃれ》た名前がついているけど、モンキー珈琲のほうがわたしの舌には合う。

ま、珍味と思って味わってくださいよ。

大学を卒業して母校の医局で基礎を学び、それからいくつかの病院を転々としました。いや、病院だけではなく、精神保健センターなんていう役所みたいなところで働いたこともあります。ここは保健所の精神保健部門の上位機関みたいな位置づけで、保健師の依頼でまだ医療につながっていない精神疾患の患者を訪問するなんてケースもしばしばありました。実際に自宅を訪問するので、病んだ人の家の中を覗き見できるわけです。個人的にはまことに楽しかったなあ。

その日は、おそらくうつ病と思われる男性（B氏）を訪問しました。五十歳くらいでしたかね。もともと運《ツキ》から見放されたような人生を送ってきた人物で、家族関係を含めまったく恵まれない。結婚歴もなく、頼る人もいないひとり暮らしです。不眠の相談に保健所へ来たそうなのですが、保健師が対応してみると、たんなる不眠レベルではない。うつ病としか思えないほどに精神が追い詰められている。先々月にリストラされたそうで、しかも幼い時から難聴だとのことで、保健師は大きな声を出したり筆談を交えたりで大変だったそうです。これで資格も特技も持ち合わせていないとなると、まあリストラされるのも無理はない。難聴で障害者手帳でもあればまだ何とかなるのに、半端に耳が遠いのは気の毒としか言いようがありません。

保健師は精神科への受診を勧めました。当然ですよね。だがB氏は、お金が掛かるからと結局受診はしていませんでした。失業保険の受給も、億劫《おつくう》だからと手続きをしていませんでした。

保健師は心配して何度か訪問してみたものの、もはやセルフネグレクト状態で「もうわたしなんかどうでもいいです。ご迷惑でしょうから、訪問なんか遠慮します」などと呟く。いや、呟き声の筈が、難聴ゆえか大声になっているそのちぐはぐさによって、なおさら保健師は当惑せずにはいられない。

せめて病気の見立てと、受診の説得を試みて欲しいということで保健師の女性とB氏の安アパートへ赴いたのでした。

木造モルタル、築四十年といった雰囲気の惨《みじ》めなアパートの二階、いちばん奥の部屋がB氏の住まいでした。なぜか表札だけは妙に立派でした。かなり高価に違いありません。これを一瞥したとき、わたしはもしかするとB氏はたんなるうつ病ではなく、本当は双極性障害（躁うつ病）ではないかと思ったものです。ちょうど躁状態の時に、気が大きくなってゴージャスな表札を誂《あつら》えたというのなら納得がいきます。

しかしそんな推察を確かめることはできませんでした。ノックしても返事がなかったので試しにノブを回してみたら鍵は掛かっていない。ドアを開けながらB氏の名前を呼ぼうとしたら、猛烈な悪臭が漂ってきた。人糞の臭いです。保健師と顔を見合わせ、すぐに靴を脱いで室内に入ってみました。室内はカップラーメンの空き容器や弁当の残骸、雑誌や汚れた衣類、空き箱や空き缶などでゴミ屋敷状態です。そして部屋の奥、トイレのドアの把手にビニール紐を結びつけてB氏は亡くなっていました。いわゆる首つり自殺ですが、ぶら下がって死ぬのは案外と難しい。不器用な人は失敗します。ましてや鴨居などないのですから。が、首にロープや紐を巻き、もういっぽうの端をノブや把手に固定し、ずっこけるように横たわれば頸動脈が圧迫されて意識を失い、やがて死に至ります。そのようにしてB氏は自殺を完遂していたのでした。悪臭は、生命を失って肛門括約筋が緩んだための脱糞によるものでしょう。

彼は上半身がオレンジ色のTシャツ、下半身はズボンを脱いだ状態で縦縞のボクサーパンツが剥き出しになっている。そのくせきちんとしたスーツ姿のときに着用するような黒いソックスを穿いていました。毛の生えた足がいやに白っぽいのが、ソックスの黒で強調されて生々しく感じられました。腕時計をしっかり左手首に巻いており、顔はさながら素足でゴキブリでも踏んづけてしまったときのような驚きと不快感の混ざった表情でした。目は半開きで、目脂《めやに》が微細な鉱物結晶のように固まっています。

保健師とわたしは、腕で鼻と口を押さえたまま視線を交わしました。亡くなっているのを確認するついでにB氏の遺体を少し揺り動かしてみましたが、死後硬直はまだ始まっていません。それに脱糞の臭いからすると、我々が訪問する数時間前に自殺したようです。さっそく保健師は上司に携帯電話（当時はまだスマホは登場していませんでした）で事情を報告しています。警察への連絡は、上司が行ってくれるようです。あとは現場をそのまま保全して、パトロールカーを待つだけです。とりあえず当方が死亡を確認しましたし、変死の扱いですから救急車はそのあとということになる。

保健師は警官を案内すべく外に出て待つとのことです。わたしも外に出ようとしたのですが、そのときに、おかしなものに気が付きました。左足の靴下、それも股の内側のほうに、紙片が差し込んであるのですね。近寄って観察すると（近寄ると便臭が強まって閉口するのですが）、ものすごく小さい文字で何やら書き込んである。靴下のゴムで締まっている部分から抜き取って文面を確かめたいのですが、本来、警官が臨場する前にそんなことをしてはいけない。自殺なのか他殺なのかの確定は、まだ正式には下されていない段階なのですから。
　でも、やはり気になります。好奇心には抗《あらが》えません。そっと振り返ると、保健師は共用の廊下に立っているらしく姿が見えません。あと数分で警察が来るでしょう。今しかチャンスはない。わたしは遺体が身に着けている黒い靴下から、そっと紙片をつまんで抜き取りました。
　鋏《はさみ》でボール紙を四角く切ったものでしたね。サイズはヨコが6センチ弱、タテが3センチといったところでしょうか。「ああ、切符くらいの大きさだなあ」と言いたくなります。そんな紙に、黒いボールペンを使って横書きに文章が書いてあります。虫のように小さな文字でちまちまと書き綴られています。どんな文章であったか。記憶を頼りに再現してみますと、こんな文面でしたね。《わたしは生きる価値などないちっぽけな人間です。眠ることができず苦しいです。腹も減りません。夜も昼もわからなくなりました。もうこの世界からお別れします、さようなら》
　つまり遺書です。生きるのが辛くなり、遺書を書いて首を吊った。まあそこまでは分かります。でもなぜわざわざこんな小さな紙に遺書を書くのか。あまりにも小さい紙なので見落とされないように、靴下に挟んだのでしょうか。B氏の残した文面には「ちっぽけな人間」とあります。だからそんな人間の遺書はちっぽけな紙片が相応しい、というロジックなのか。飛躍した発想というよりは、どこか見当外れの律儀さといった印象ですが、実は精神を病んだ人たちにはおしなべてこのような奇妙な律儀さが窺《うかが》われがちです。わたしは遺書を読み終えるとすぐに紙片を靴下へ戻しました。体表には浮腫が生じていますから、目を近づけると四角く窪んだ部分がある。そこに合わせて紙片を戻しました。これでバレません。何食わぬ顔で警官を待ったのでした。ちょっとドキドキしたなあ。幸いにも、露見せずに済みましたがね、ふふ。

それにしても鉄道の切符みたいな遺書なんて、初めて見ました。まさにあの世へのチケットといったところでしょうか。そう考えると、少々ユーモラスですな。いまだに類例を知りません。

では続けてC氏の件を申し上げましょう。

この時期には、わたしはM病院に勤務しておりました。傷害や殺人、放火などの重大な事件を犯したが、精神鑑定の結果、責任能力なし→措置入院となった精神障害者を収容する犯罪者病棟を二年ばかり担当し、それから合併症病棟で働いていました。

精神を患った人でも、同時に身体の病気に罹《かか》ることはあります。けれども身体疾患で入院が必要な場合、多くの一般病院は入院に難色を示します。わけのわからない言動を示したら対応ができない、トラブルが心配だ、看護に戸惑う等々の理由であり、精神障害者への偏見や思い込みに基づくのが大部分です。そこで内科医や外科医と精神科医の双方が待機する病棟で治療に当たろうというのがすなわち合併症病棟という次第です。

身体の衰弱具合によって、投与する精神科の薬剤は分量が異なってきます。そのあたりの微妙な調整が、仕事のメインでしたね。

ある日、隣の区にある救急病院から受け入れ要請が来ました。自傷行為で中年男性が搬送されてきたが、命に別状はない。しかし明らかに合併症病棟での治療が必要なケースだというのです。そこで当方の病棟でフォローすることとなったのですが、なるほど救急医がそのような要請をしたくなった理由はすぐに分かりました。

Ｃ氏は筋肉質の痩せた中年男性で髪は五分刈り、何となく板前みたいな印象でした。いや実際、場末の鰻《うなぎ》屋で働いていたのです。若い頃に統合失調症を発病し、精神科に二ヶ月ほど入院したこともあるが、その後は安定し社会復帰も叶いました（病気であった過去は隠していたようです）。無口で気難しい面もあったが、黙々と真面目に働く人物で、鰻屋では重宝されていたそうです。人付き合いは避け、独身のまま古いマンションにひっそりと住んでいた。日本酒が好きだったようですが、泥酔して問題を起こすような飲み方ではなかったようです。

十年くらい前から精神科への通院は途絶え、けれども症状が再燃することはなく、いささか変わり者ではあったが仕事は続いていた。ところが何の連絡もないまま欠勤をしました。

こんなことは初めてです。電話をしても通じない。独り者だから、体調を崩して寝込んでいるのかもしれないと店の主人は心配していたが、翌日も無断欠勤となったのでさすがに不安になった。Ｃ氏のマンションを訪ねてみました。荒れ果てたような暗く汚い建物です。三階の

３０３号室。呼び鈴を押しても返答がない。試しにドアノブを回してみたら、鍵は掛かっていません。ドアを開け顔を突っ込み、「Ｃさん、居るかい？」と声を掛けたがやはり返事はない。でも、耳を澄ますと部屋の奥から微かながら呻《うめ》き声が聞こえてくるではありませんか。鰻屋の主人は靴を脱ぎ、室内に入ってみました。

　手前の部屋は狭いダイニングキッチンで、板前なのに料理の道具などほとんどない。冷蔵庫の他には、電子レンジすらない。ほとんど生活感の感じられない殺風景というか虚ろな眺めです。そこを通り抜け、奥の部屋の引き戸を開けてみました。するとそこに畳敷きの、やはり空っぽの和室だったのですが、ブルーシートが敷き詰めてある。その上にＣ氏が全裸のまま血だらけで倒れていたのです。仰向けになって意識を失い、不規則に苦しそうな呻き声を発している。表情はさながら鬼瓦のようだ。腹部が血にまみれている。脇には、刺身包丁が転がっている。

　ドアが施錠されていなかったこともあり、鰻屋の主人は、Ｃ氏が訪問者を装った強盗にでも襲われたのではないかと思ったそうです。だが、包丁の位置などからはむしろ自殺未遂が疑われる。いずれにせよ緊急事態です、すぐに救急車を呼んだという次第でした。

　救急病院で何重にも当てられたガーゼを剥がしてみて、一同（わたしも居ました）は驚愕しました。腹部、ちょうど鳩尾《みぞおち》のあたりに四角い穴が開いているのです。いや、穴という表現は不適切かもしれません。ヨコが６センチ弱、タテが３センチ弱くらいに皮膚が切り取られ剥《は》がされている。さらに皮下脂肪も取り除かれ、腹部の赤黒い筋肉が露出しているのです。したがって、腹に開いた横長の小さな窓から、腹筋が直接見えているといった異様な状態になっていたのでした。警察の検証で、これは自傷行為であったと判明しています。つまり自ら室内に敷いたブルーシートの上で、C氏自身が刺身包丁を使って自分の腹に「窓を開けた」という次第です。局所麻酔を使ったわけではない。

　これは途方もない痛みを伴ったに違いありません。真皮層の深さで皮膚を引き剥がすなんて、正気では無理でしょう。にもかかわらず、脂肪層を丁寧かつきっちりと取り除いている。まるで医学標本を作るように。出血が大量だったのは当然です。自分では止血などしようとしていませんでしたし。痛みに耐え、気力を使い果たし、意識を失ったのでしょう。もっとも統合失調症の人はしばしば痛覚が鈍いと言われております。それでもこの行為は激しい痛みを招いたであろう。率直なところ、わたしは気分が悪くなりました。なお四角く切り取られた腹部の皮膚ですが、もはや縫合して「窓に蓋をする」には時期を逸していました。皮膚としては死んでしまっており、したがって役に立ちません。その皮膚をわたしは目にしませんでしたが、頭の中では「切符サイズの人の皮」なのだろうと想像したのでした。

　どこか冗談めいた振る舞いにも感じられました。板前による熟達の技《わざ》なのですから。けれど、もちろんC氏はシリアス（もしかすると駆り立てられるような切迫した気分）そのものであったに相違ありません。

結局外科医は「窓」の周囲の皮膚を強引に引っ張って寄せ、縫合しました。巾着袋の口を締めるようなものです。結構乱暴な処置をするものだなあと思いましたけれど、実際、それでどうにかなりました。

外科的には傷を直せたわけですが精神科的にはどうなのか。おそらくＣ氏においては何かの加減で統合失調症が再燃し、幻覚か妄想に駆られて自分の腹部に窓を開けたと考えるのが妥当でしょう。自分の体内に機械を埋め込まれたといった妄想に取り憑かれ、それを取り出そうと自分の身体を傷つけた患者さんは何名か知っております。ＴＡＴＯＯではないものの、奇妙な模様や文字のようなものを刃物の切っ先で腕や足に彫り込んだ患者さんもいました。当人の弁によれば、自分の内臓を電波攻撃から守るために、皮膚の上から結界を張ったのだと教えてくれました。Ｃ氏も似たような発想をしたのではないかと推測せずにはいられません。

わたしとしては、Ｃ氏なりの理屈を教えてもらいたかった。治療のためというよりは、ひとつは素朴な好奇心であり、もうひとつは彼という人間を理解する手掛かりとしたかったからです。でもＣ氏は当方のアプローチを拒みました。ほとんど話を交わそうともしませんでした。ただし意識に異常が生じてコミュニケーションが不能になっているとか、わたしに敵意を抱いているといったわけではなさそうでした。ごく単純に、「窓」の件は何も言いたくないし詮索されたくない――それだけのようでした。とはいうものの、それ以外の話題なら心を開いてくれるといったわけでもない。頑《かたく》なな感情だけが彼を強く支配しているようでした。

ですから精神科の治療を受ける必要性を説いても、表情ひとつ変えずに首を横に振るだけでした。外科的には、そろそろ退院して構わない状態だったのですが。

さてＣ氏に対して、身柄を精神科病棟へ移し強制入院として治療を加えるべきかという問題が生じてきます。妄想によって自傷行為を図ったと思われ、現在も妄想は続いている可能性が高い。しかも過去に精神疾患で入院したり服薬もしている。このまま治療中断状態で経過すると、再び不可解な自傷行為を繰り返す虞《おそれ》がある。いや、Ｃ氏の頭の中のロジックが分からない以上、他人を傷つける可能性すら否定できない。

でも正直なところ、彼を強制入院させる決心がつかなかったのです。理由のひとつは、彼は親類縁者と縁を切っており（切られている、ということだったのかもしれませんが）、したがって家族や血縁者と処遇について相談をするわけにはいかなかった。もうひとつには、これはあくまでも直感でしかないのですが、Ｃ氏に準じたようなタイプの患者さんへ無理に薬物治療を行うと、なるほど幻覚や妄想は消え去るだろうけれど、同時に人間としての覇気《はき》や緊張感が欠落してしまって、無気力かつ空疎、ときにはへらへらした印象の人物になってしまいかねない気がしたのでした（現実に、わたしはそうした患者さんを目にしている）。そのようになってしまうことをＣ氏は望まないでしょう。わたしとしても寝覚めが悪い。

決断をするのがひどく億劫でした。強制入院をさせてもさせなくても、どちらであろうと釈然としない気分に陥りそうです。

そうこうしているうちに、Ｃ氏は無断離院すなわち脱走をしてしまいました。合併症病棟は、半閉鎖病棟といった曖昧な立ち位置であり、その気になれば無断離院は決して難しくありませんでした。脱走できるだけの元気があればこの病棟にはいない筈だし、元気が出てきた頃合いには精神科的な治療も同時並行で行われているであろうからトラブルは起きないだろうといった発想だったのでしょう。だが結局、わたしが精神科治療の必要性を伝えた翌々日の晩に、Ｃ氏は忽然《こつぜん》と病院から姿を消してしまった。

さすがにわたしも慌てました。警察には捜索願いを出し（出したからといって、警察が積極的に捜してくれるわけではありません。何かの理由で警察に保護されたり遺体が発見されたときに照会してくれるだけです）、鰻屋の主人にはもし本人が姿を見せたらこちらに一報してくれと依頼しました。さらにわたし自身、病院勤務を終えてから実際にＣ氏のマンションへ赴いてみました。夜間の八時頃でしたでしょうか。家に戻っている可能性は否定できませんから。

ブザーを押してもドアを叩いても返事はありませんでした。念のためにドアノブを回してみると、鍵は掛かっていません。鰻屋の主人が倒れているＣ氏を発見したときと同じような状況になってきました。ドアを開けて中を覗いてみるも、真っ暗です。玄関のスイッチを入れてみてもＣ氏の姿はない。奥の部屋の引き戸は閉まっている。本当は奥の部屋や浴室もチェックしてみるべきでしょうが、そこまですると家宅侵入になってしまいます。近隣の住人が通報でもして警察に問い詰められるのも厄介だ。わたしはびくびくしていたのです。

結局このケースはどうなったのか。C氏は今に至るも行方不明のままです。マンションに戻ってくることもなく、鰻屋に立ち寄ったり連絡を入れることもありませんでした。生死すら不明であり、もし生きていたとしても暮らしを立てていけるものなのか。不可解に不可解を重ねたような結末となってしまい、わたしとしても宙ぶらりんの居心地が悪い気分を拭えないのです。

M病院を辞めたのは十年ほど前ですが、そのときにC氏のことが急に思い出され、すると「切符サイズの人の皮」というフレーズが甦ったのでした。未だ行方不明という事実よりも、いささか悪趣味な「切符サイズの人の皮」といった言葉が我が心に強く響いたのには苦笑いせざるを得ませんでしたね。そして切符くらいの形と大きさといった条件を契機として、医学生のときにスライドで見せられた墜落死体の眉の部分の皮膚や、縊死《いし》した人の黒い靴下に挟み込まれていたあまりにもちっぽけな遺書の記憶も鮮やかに立ち上がってきました。

これら三つのエピソードは、切符くらいの大きさの意外なもの、という分類でまとめられましょう。どれも、歪んだユーモラスさがうっすらと纏わり付いていました。けれどもそれ以上には何の意味も持ちません。わたしの人生においてなるほどそれら三つは気になるもの、不気味なものではあるが、だからどうしたというものでもない。ですが、これから先、未来において四つ目のエピソードに遭遇する可能性は、少なくとも他人にくらべれば遙かに高いのではないのか。つまりそうした縁があるのではないか。

しかしその四つ目のエピソードがどんなものなのかは、まったく見当がつかない。いかに想像力を駆使しようと思いつかない。でもきっとどこか異様な滑稽さが伴っているのだろう。そこがわたしにとって最大の「怖い話」ということになりますね。ははは、わたしの「怖い話」は語りようがないところに怖さがあるという次第です。

象さんとミライちゃん

雨宮淳司

あめみや・じゅんじ
1960年、北九州出身。医療に従事する傍ら、趣味で実話怪談を蒐集し、2008年『恐怖箱　怪医』で単著デビュー。続く『恐怖箱　怪癒』『恐怖箱　怪痾』の病院怪談三部作が話題に。その他四大元素シリーズ『恐怖箱 哭塊』『恐怖箱 風怨』『恐怖箱 水呪』『恐怖箱 魔炎』、『怪談群書 墜落人形』他、共著に『怪談百番　病院の怖い話』『予言怪談』など。

寺田《てらだ》君の家の前には、二等辺三角形の形をした結構大きな児童公園がある。

通称「三角公園」。

正式な名称は礎石によると「草薙《くさなぎ》公園」となっているが、これはこの公園の土地を寄贈した人物の名前らしく、地元に馴染みがなく所在地を連想しにくいためか、ほぼ地域の人々の間では使われていなかった。

広いところではミニサッカーの練習も出来るし、午前中にはお年寄り達がゲートボールを楽しむために集っていた。

やや面積が狭くなった部分には、ブランコ、鉄棒、ラダーがあって、一番大きな遊具である「象さんの滑り台」が運動場寄りに設置されていた。

象さんの滑り台は、リアルに寄せてはいないが、おそらく現物大にＦＲＰで作られたもので、背中まで梯子が掛けてあり、反対側にポリエチレン製のスライダーがあった。

脚の部分は四本がそれぞれ接地しており、二畳くらいの空間が胴体の下にあった。

寺田君の家の二階にある自分の部屋から、この遊具の集まった辺りがよく見えるのだが、数ヶ月前に、この象の脚の部分に夜になると、黒く塗られた段ボール紙で目張りがされていることに気がついた。

勉強をしながら時々窓から覗いて観察していると、夕間暮れの薄闇に紛れて、両脇に段ボールを抱えた長身の人影が現れる。

段ボールは組み立てキットの様になっているようで、あっという間に象の下部が小さな個室に変貌してしまっていた。

手製なのだろうか？　作図してきれいに象の形に合わせないと、ああいう風にピッチリ隙間を塞ぐことは出来ないのではないかとか、いろいろ疑念が湧いた。

「誰だ？　ホームレス？」

確かに夜の間、そこにその人物は留《とど》まっているようだったが、早朝には全て撤去されてしまって跡形もない。

目的も人物像も不明なので、誰か宿代を節約したいホームレスじみた人物がいるのだろうと勝手に想像していた。

ある日、通っている公立中学校の教室で仲の良い木崎という友人といる時に、その話をした。

「……ああ、それ『象さん』だろ？」

「象さん？」

「近くにいるのに知らないのか？　結構有名人だぞ」

「そうなのか？」

「俺の弟がよくあの公園にサッカーというか、フットサルをやりに行っているんだけど、イマドキの小学生はみんな夜の九時くらいまでツルんで遊ぶみたいでな。で、あそこって街灯が明るいからそれが出来るんだが、ボールを蹴って遊んでいると、象の滑り台の下から男の人がプレイをじっと見ているんだそうだ」

「大丈夫なのかそれ、どう考えても不審人物だろ」

「いや、アドバイスをしてくれるらしい」

「見守っているのかよ」

「名前も名乗らないんだけど、悪い人じゃないし、サッカー経験者らしくてリフティングも上手くて、アウトサイドのそれのやり方を教えてもらったとか弟が言ってた」

「え？　何歳ぐらいなんだ？」

「いつもマスクをしていてよく分からないけど、意外と若いんじゃないかとか、そんな話だったな」

それで小学生の間では噂が広まり、通称「象さん」としてある意味伝説の人物になっているらしかった。

だが、それだとますます訳が分からない。五体健康ないい大人が、何が楽しくて象の滑り台の下で長時間を過ごしているのか？


梅雨の時期が終わって、天気の崩れが少なくなってきた土曜日。

時計を見て二十二時だったので、シャワーでも浴びて今日はさっさと寝ようと思っていたところに、

「中に人がいます！　助けて下さい！」という大声が、外から聞こえてきた。

「またかよ……」

それは人工音声で、公園の公衆トイレの緊急ボタンを押すと流れるものだった。

気分が悪くなったりした際に周囲に助けを求めるものだが、水を流すボタンと思う人が多いのか、案外頻繁に拡声器を起動させてしまうのだ。

この声を聞いて駆けつける人というのは別段決まっていないらしく、いつまでも大声を繰り返していると迷惑極まりないので、結局公園の近くに住んでいる寺田君の家族やその隣近所が音を止めに行くハメになる。

「ちょっと、光一！　もう寝間着に着替えちゃったから見てきて！」

　母親の声がした。父親の方は風呂に入っているようだった。

「……はいはい」

　仕方なく玄関へ行き、サンダルを履いて外へ出る。

　湿気を孕《はら》んだ夜気を吸い込んで、息を吐き出すと頭が冴えた。

　相変わらず人工音声が鳴り響いている方向へ歩いて行くと、案の定公衆トイレの照明の辺りでおろおろとしている人影があった。

「あれは……？」

　細身のジーンズに、何かホラー映画のキャラが描かれたTシャツ。肩までの長髪で黒いマスクをした男性だった。

　……象さん？

　取り敢えず、トイレの入り口にある解除スイッチを戻して音を止めた。

「ああ、そんなところにあるのか。全然分からなくて……助かったよ」

　柔らかい調子の声で、中学生の寺田君に対して何度も礼を言う。

　二十代後半くらいだろうか、こざっぱりとしていて明らかにホームレスという感じではない。優しい印象で、小学生が懐くのも分かるような気がした。

確かに悪い人ではなさそうだったので、この際だから疑問に思っていたことを訊いてみようかと思った。

「あのう……、『象さん』ですよね？」

「まあ、小学生の間でそう呼ばれているのは知っているよ」

「つかぬことをお聞きしたいのですが」

「……また大時代だな」

「象さんは、あの滑り台の所で何をされているのですか？」

「え？　うーん、説明し辛いな……」

何だか、少しやましそうな感じが漂ったので後悔しそうになったが、

「ちょっと待ってな」

と言って、象さんは道路を走って横切ると、路地に入って小さな有料駐車場のある方向へ消えていった。

車で通っているのか……。まあ、普通に考えてそうだよな、と思いながら待っていると、もう象さんはそこまで戻って来ていた。

「これ、読んでみて」

そう言って、ハードカバーの本を手渡された。カバーが退色しており、相当古いもののよう

だ。帯の方が先に目に入り、「猟奇事件・完全ルポルタージュ」とある。

「……ルポルタージュ？」

「まあ、概要だけ分かれば充分だから。で、明日も晴れたらここにいるので、この時間に滑り台の所へ来てくれたら説明するよ」

――本の題名は『草薙公園前・一家三人強盗殺人事件』だった。

「草薙公園前・一家三人強盗殺人事件」は、二十四年前に発生した事件で、現在でも犯人は捕まっておらず所謂、未解決事件《コールド・ケース》と言われるものであった。

事件の概要は、浜田家の家の様子がおかしいと隣家から通報があり、立ち入った警察官が背部を刃物で刺され失血死した浜田夫婦の遺体を発見。

凶器は家にあった柳刃包丁で、それは廊下に投げ捨ててあった。

金品、貴重品類が根こそぎ消えており、強盗殺人事件だと思われたが、異様だったのは一人娘で十歳になる浜田ミライちゃんの遺体の有様だった。

死因はその後の解剖で絞殺と判明したが、裸にされた上で布製の粘着テープを陰部から念入りに貼られ、全身をきっちり隙間なくそれで巻かれていた。

性的暴行の形跡はなく、どうやったのか指紋も残っていなかった。

事件判明当時はマスコミで大きく報道されたが、直後に有名な無差別大量殺人の事件が起こってしまい、その陰に隠れた形になって、現在では取り上げるメディアもほぼ皆無の状態であった。

寺田君は本を読みながら唸《うな》った。こんなに近くに住んでいながら、この事件のことを全く知らなかったのだ。

確かに、象さんの滑り台を挟んでその反対側に、「管理物件」というもうボロボロになった看板が門に掲げられた空き家があるのは知っていた。しかし、それがそんな酷い事件のあった家だったとは——。

夕食の時に本を見せながら両親に訊くと、

「俺達が引っ越して来て、ここに家を建てたときには、もう事件から十年近く経ってたんだよ。その頃で、もう完全に風化していたな。誰もわざわざ口にしないし」

「あの家ももう当たり前の風景になっちゃって、庭木も伸びてほとんど中が見えないじゃない？　私もすっかり忘れていたわ」

世間というのは、そんなものなのかと思っていると、

「でも、光一が小学校に上がる前の頃に、一度噂が立ったわよねえ……」

「噂？　……ああ、ミライちゃんが出るっていうあれか」

「何それ？」

何でも、あの家の辺りに、殺された浜田ミライちゃんのガムテープでぐるぐる巻きにされた幽霊が出るという噂がどこからともなく広がって、夜中に見物に来る暴走族や野次馬の車にしばらく悩まされたのだそうだ。

「この辺は駐車禁止だし、警察が巡回に来て、まあ一年くらいで収まったけどな」

「……で、その幽霊って本当に出たの？」

父親はビールを飲み干して、

「そんなわけないだろ。噂だよ噂、無責任なデマだ」

両親ともに翌日用事があるとかで早寝してしまったので、寺田君は本を持つと、こっそり玄関から出て公園に向かった。

鎌のような三日月が雲間に見え隠れしているが、空は青黒く靄《もや》っていて、辺りは一段と闇深い感じがした。

滑り台に近づくと、段ボールの端がめくれて、「来たな。本は読んだかい？」と、象さんの声がした。

「読みました。半分くらいですけど」

「後半は著者の考察部分だから、別にいいんだ」

そして、段ボールが一枚外されて、地面に置かれた。

「そこに座っていいよ」

「はい」

言われたとおりにすると、象さんは返した本を捲って、探し出した頁をペンライトで照らした。

マスクをしていない象さんの顔も浮かびあがる。やはり青年のようで、端正な顔立ちだった。

「僕が最初に変だと思ったのは、この写真なんだけどね」

覗き込むと、ガムテープで巻かれたミライちゃんの足首の部分の写真だった。

「このテープの巻き方、麦穂帯《ばくすいたい》って呼ばれる巻き方だと思うんだよね」

「麦穂帯？」

「包帯法の一つなんだけど、普通の人はこんな巻き方をしないと思うんだ。麦の穂みたいな感じに綺麗に折り重なっているだろ？　この膝の所も、これは亀甲《きっこう》帯って言われる関節部分の巻き方なんだよ」

「え？　つまり……？」

「ミライちゃんのお母さんは、元看護師だったんだよね。それも整形外科の」

……すると、お母さんがミライちゃんを殺してテープでぐるぐる巻きにしたって言いたいのか？

「でも」

「そうすると、誰が浜田夫婦を殺したのかっていうことになるけども、たまたまその修羅場にタイミング良く強盗が押し入って来るなんて考え辛いよな」

象さんはニヤリと笑って、

「僕は、ミライちゃんが殺《や》ったんだと思うんだよ」

「そんな馬鹿な」

「どうも、このテープの巻かれ方は見れば見るほど尋常じゃない。人体の穴という穴を塞ぎ、何も漏れ出さないようにしている。……つまり、霊魂も出られなかったんじゃないかな。だからこれは、一種の家庭内呪術で、事件全体は殺し殺されをやったの揚げ句の、一家心中だったんじゃないかと思えるんだ」

寺田君は一瞬納得しそうになったが、

「いや、でも、幽霊が両親を刺殺することなんて、あり得ないじゃないですか！」

「だよな」

象さんは、あっさりその点を認めた。

「幽霊なんてものはいないはず。……でも、ミライちゃんの幽霊は目撃例があるらしい」

「あ……」

両親の話していた幽霊騒動の話が頭をよぎった。

「それで、しばらく前からここで張り込んでいる訳なんだけど……どうもいるみたいだぞ、ミライちゃん」

「ええっ」

象さんは、背後に手をやって、ポケットサイズの写真ホルダーを取り出した。

「この写真とか。この辺り」

プリントされたそれを見ると、浜田家の「管理物件」の看板の下辺りに、何か蒼白い光の筋がある。

他の数枚の写真にも、同じ様なものが写っていた。

段ボール小屋の中を覗き込むと、一眼レフのカメラが短い三脚の上にセットしてあった。あれで撮ったものだろう。

「本来天体写真用のカメラだけどね。イメージセンサーは、いろいろ弄ってある」

「この写真って？」

「ガムテープの粘着面を強い力で引き剥がすと、蒼白く光るんだ。『摩擦ルミネッセンス』って言う」

「……」

「ガムテープで強く固縛された人体が動くと、どこかに無理が来てテープが剥がれるんだと思う。その時に光るんじゃないかな」

「でも、それだと死んだ後、幽霊になってもガムテープで巻かれたままっていうことになりませんか？」

「……まあ、幽霊でも何かしらの衣服は着ている訳だから、この場合そうなっているのがむしろ自然だろ」

「『摩擦ルミネッセンス』が起きるのなら、そのテープも物理的に存在していることになりませんか？」

「幽霊が物理的事象か、あるいはそうでないなんて、誰も証明していないんだよ。そもそもそれが何なのか、誰にも分かっていないんだからな」

　だんだんと会話が口論じみてきて、寺田君はふと我に返った。

「この写真がそう言う現象なのだとすると、ミライちゃんが凄く可哀相に思えてきました」

「まあ、そうだよな」

象さんも頷いた。

「コーヒーでも飲むか?」

段ボール小屋の中から保冷の水筒を取り出して、キャンプ用のマグカップに注いでくれた。

それを飲んでいるとき。

滑り台のスライダーの影になって、何かが潜んでいるのに気づいた。

「え? 何? すぐそこ!」

人の形をしているが、手足が突っ張っているような感じで動きがおかしい。

「来たか、怪談を話していると幽霊が寄ってくると言うのは本当だったな!」

象さんの声にそれは少し慌てた様子を見せた。あたふたと逃げだそうとして、ばたついた際に「ビリッ」というような音がして肩口が光った。

ミライちゃん……なのか?

寺田君は呆然として見ていたが、

「これを持て」

と言って、象さんは小脇に抱えた筒状の何かから、透明なフィルムのようなものを繰り出して、その端を握らせた。

馬鹿でかい、ラップのようなものである。

「パレットに荷物を乗せた時に崩れないように巻く、ストレッチフィルムって奴だ。あいつを取り囲んで、これで巻き上げるぞ」

「ええっ？」

「いいから走れ！」

ミライちゃんは運動場を突っ切って、事件のあった廃屋の方へ逃げようとしたが、うまく走れないらしく、すぐに二人は追いついた。

「よーし、交叉《こうさ》するぞ！」

一枚フィルムが巻かれると、象さんは器用にストレッチフィルムを切り返しながらミライちゃんの周囲を回り、あっという間にぐるぐる巻きにしてしまった。

バランスが保てず、それは地面に倒れ込む。

フィルムに切り返しを加えると、結構な強度になるらしい。

「よーし、とうとう捕まえたぞ」

喜色満面の象さんの表情を見て、これが象さんの目的なのだと悟った。

「捕まえて……どうするんです？」

「え？　そんなの決まっているだろう？」

……急に象さんの顔が歪んで見えた。

「これは、究極の梱包体なんだよ。トータル・エンクロージャーの夢見る聖なる存在だ」

……猛烈な眠気が……。

「薬が丁度効いてきたか……。お疲れさん」

……あのコーヒー……。

目を覚ますと、天井が高くだだっ広い、空き倉庫のような建物の床に転がされていた。

重ねられた手首と足首に、太い結束バンドが嵌まっており、身動きが取れない。

口もテープか何かで塞がれていた。

目の前には、そのまま乗り入れたと思しいワゴン車が一台あり、その前面には染みだらけの古いベッドマットレスが置かれて、その上でフィルムで巻かれたままのミライちゃんが身悶えしていた。

……え？　どこだここ？　誘拐されたのか？

「気が付いたかな？」

象さんが何かツールボックスの様な物を手でぶら下げて、目の前に現れた。

「勘違いをしちゃいけない。君はほんのちょっと家出して、明日には家に帰ることになっている。何か暴行を加える気も今のところないし、まあ少し非日常を楽しんでいってくれ」

そして、顔を近づけて、

「言っておくが、僕はこれからあれ」

ミライちゃんの方に顎をしゃくって、

「梱包体と性交しようと思っているが……おや？　どんなド変態だって顔をしているね。理解はしてもらえないかもしれないが、全身をラバースーツで覆った人間と性交する趣味の連中は多い。アンチ肉体表面なわけだ。けれど、理想的に完全に覆ってしまうと人間は呼吸が出来ずに敢え無く死んでしまう。つまり、それだと死姦になってしまうんだな。僕は、さすがにそこまで変態ではないので、それはやらないし犯罪歴もない。だが、諦めてはいなかったんだよ。今日はその念願成就の日だ。……しかも処女だしな」

穏やかな青年の顔が、完全に狂気に染まって変貌していた。

「まあ君もこの状況では手も足も出ないだろうが、僕に楯突いたり余計なことを言うと、犯罪行為の方向へ状況が振れるかもしれない。……僕は、子供なら男でも女でもイケる口でね。運んでいたときに、ちょっと君の身体にはそそられたから、おとなしくしていた方がいいよ」

……全身の力が抜けた。何でこんな変質者に関わってしまったのか。

「何か言いたいことがあるんだろうが、それなら可能だぞ。君の口に貼っているのはアメリカ映画などでおなじみのダクトテープなんだが、意外と舌で突いたりすれば剥がれる。粘着力が見かけ倒しでな」

　仕方なくそれを試しているうちに、象さんはミライちゃんの所へ歩いて行った。

「ああ、捕捉がある。ミライちゃんを犯そうが何をしようがこれは全然犯罪ではない。幽霊を保護する法律なんてものは存在しないからな」

　いや、それは本当に幽霊なのかよ！

　実体があるんだから、どう考えてもそうじゃないだろう！

　唾液で湿らせて、何度も舌で突いていると、ダクトテープが緩んで一方が外れ、口の端から垂れた。

「おやおや、上手だねえ」

　象さんは目を細めて見遣ったが、ゆっくりとミライちゃんの上に屈み込むと、体の表面に重ね張りしてあるテープの一部を剥がし始めた。

　指先で粘着面を触って、

「……ふーん、粘着力2・3、引張強度39・2の、イマドキの一般的なテープだ」

　そして、ぶつぶつと、

「二十四年前に、同じ性能のテープがあったのか？」

　と、呟いたが、気分が高まってきたのか、ミライちゃんの下半身の辺りのストレッチフィルムを、ツールボックスから取り出した異様にゴツいカッターナイフで切り裂き始めた。

そして、足首に絡みついている分を残すと、

「さて、お楽しみだ」

今度はツールボックスから剥離剤のスプレー缶を取り出し、ミライちゃんの股間の辺りにそれを噴き付け始めた。

長々と液が滴るくらいにそれを繰り返し、手袋を填めた指で一枚一枚めくっていく。

ミライちゃんは、間欠的にまだもがいていた。たまに腰を上げて両脚で象さんを振り解こうとするが、いなされてうまくいかない。

「……おかしいな」

象さんの顔色が曇った。

厭な予感がして見ていると、カッターナイフをまた手にとって、ミライちゃんの鼠径部の辺りに刃を入れ始めた。

ザックリと言った感じで、刃の部分がほとんど体の中に消えている。

「何だこりゃ?」

そして、いきなりカッターナイフを振り上げると、もの凄い勢いでメッタ刺しを始めた。

握りを変えて、今度は縦横に深々と切り裂く。

ガムテープの積層して立体になった破片が、ゴロゴロと象さんの手元から溢れ出した。

「こいつ！　中身は芯までガムテープなのか！」

そして、

「こいつは傑作だ！　大傑作だ！」と言って、馬鹿笑いをしていたが、

「とんだ勘違いだ……」

そう言った後、急に黙り込んだ。

そして、寺田君の方に急に向き直り、

「悪いが、この高ぶりを君のアナルへ叩き込ませてもらうぞ！」と、言い放った。

全身が粟立った。

寺田君は本能的に少しでも離れようと、のたうち回った。

少年の凄まじい嫌悪の反応に、象さんは満足そうにニヤついた。

が、メッタ刺しにした際にストレッチフィルムも切ってしまい、ミライちゃんの腕の拘束が緩んでいたことに気づいていなかった。

胸に突き立てておいたカッターナイフが素早く奪われ、上半身を起こしたミライちゃんに顎の下側を一閃された。

「なっ？」

更にもう一撃を深々と食らって真紅の動脈血が噴き出し、象さんは自分の首を絞めるような格好で必死に血止めをしようとしていた。

床を転げるようにしてのたうち回り、ワゴン車のバンパーにぶつかって止まった。

「ああ、しんどかった」と、甲高い言葉らしきものを発して、ミライちゃんは起き上がった。もはや残骸になってしまったストレッチフィルムを身体から毟《むし》り取り、二本足で直立した。

「……一体、何なんだ、お前は？」

血反吐にむせながら、象さんが言った。

「うーん？　魂写しをされた……お人形、かな？　一応、骨格になるように塩ビのパイプは入っているんだけど、構造の詳しいことはお父さんとお母さんにしか分からないわ」

「……つまんねえな……クソ、つまんねえ……」

気が遠くなってきた様子で、象さんがゆっくりと血溜まりの中にくずおれた。

あまりのことに、寺田君は身じろぎも何も出来なかった。

そして、その口もなければ目もない、何の表情もないガムテープの集合体は、ワゴン車の後部のドアを開けて何かを探し始めた。

「あったあった、運ばれていたときに見つけていたのよね」

雑多なものが詰め込まれたコンテナの中から布ガムテープを嬉々として取りだし、切っては貼りを繰り返して、切り刻まれた腹の辺りを修復し始めた。

「お股もね。ここは念入りに」

　寺田君は、必死に這いずってミライちゃんから離れようとした。

「光一君？　どこへ行くの？」

　ミライちゃんが言った。

　何故名前を？

「むかーし、昔、あなたが幼児の頃、一緒に遊んだことがあったでしょう？」

「……憶えてねえよ」

「そう？　がっかり。……でね、折り入って相談があるんだけど」

「ええ？」

「あなたの貞操の危機を救った見返りがほしいんだけど」

「何だって？」

「ミライちゃん、随分長い間、独りぼっちじゃない？　さすがに最近、お友達がほしくなっちゃって」

「……」

「心配しなくても、別にあなたのおうちに行くわけじゃないわよ」

「……何をしろと」

「私と同じ様な、魂入れをした人形を作りたいの。あなたで型取りして」

「……どういう意味だ？」

「テープで全身を巻き巻きして、その剥いだテープで人形を作るだけよ」

簡単そうに言うが、確かあの事件でのミライちゃんは、頭部も隙間無く巻かれていたのではなかったか？

「やめろ！」

「丁度、あの車の中にはまだたくさんテープが積んであるのよ」

「イヤだ！」

「テープには巻き順があってね。男の子は、おチンチンから巻いていかないといけないの。ミライちゃん、おチンチンを見たこと無いんだけど、頑張って巻くから、綺麗にできたら誉めてね！」

「……！」

そして、ミライちゃんの指が、寺田君のベルトのバックルに掛かり、ズボンが緩められた。

二軍のムームーおばさん

ヤキソバChang

やきそばちゃん
帰国子女で両親は日系ブラジル人。中学生の時に日本に帰化するも両親は離婚し、母はブラジルへ帰国。父は中部地方の自動車組み立て工場に勤務。父と一緒に暮らすも、寂しさから近所の介護施設に入り浸り、そこで知り合った老人の勧めで水商売の道へ入る。店で某出版社社長と知り合い、自分の体験談を書くことになり文筆業の道へ。身長170センチ、B90・W60・H100、切れ長の目が特長で水商売時代につけられたあだ名は「クレオパトラ」。英検1級。

そのおばさんにはヒゲが生えていた。

無造作に伸びたセミロングの髪の毛は頭頂部からこめかみまで黒、それ以降は茶色というツートンカラーで、少しでも近づくと静電気が発生しそうなほど乾燥しているのがわかる。それは褐色の肌も同じで、やたら大きな黒目の潤いだけが際立ち、瞳は常にキラキラとしている。年齢はおそらく30代後半から40代前半、いつも同じような（なぜか直視するのをためらってしまうからよく見ていないけど、たぶん同じ）黄色のムームーを着ていて、今日も黄色地にハワイアンなボタニカル柄のムームー姿。ひそかに、「スーパー銭湯の館内着のムームーを勝手に着て帰り、そのまま私服化しているのでは」と思っているけど、真相はわからない。

「また昨日、Mとパチンコ打ってきたんだ。あいつ、すぐI駅前のパチンコ行くから。パチ屋デートなんて、ほんと倦怠期なんだけど（笑）」

物憂げで色っぽい、女優の斉藤由貴を彷彿とさせる声色で言う。おばさんはまわりから「K

子さん」と呼ばれ慕われていて、私と友人もそう呼んでいた。

K子さんと私たちが出会ったのは、いまから約20年前、プロ野球某球団の二軍選手の練習場だった。いまでいう推《お》し活仲間として、週2、3回、練習場の前で好きな選手の練習を見守ったり、試合観戦をしていた。一軍の選手との大きなちがいは、その距離感。並んで歩いて会話ができるし、差し入れを手渡しできるし、連絡先を交換している目立ってキレイな女性もいた。

なかでもK子さんは、M選手と「デート」していると公言していて、たしかにM選手がK子さんの前を通るとき、K子さんが控えめに手を振れば、M選手は小さく手を上げ会釈をしていて、私たち単なるファンとはちがうこなれた関係性がうかがえた。

「でもさ、ムームーだよ?」

K子さんがいないある日、友人が意を決したように切り出した。ムームー姿に違和感を持っていたのは、私だけではなかったのだ。

「私も思ってた、ムームーでここに来る？ って。それよりも、ヒゲだよ」

「だよね。口の端のうぶ毛、伸びすぎだよね。最近、そこばかり見ちゃう。なんで処理しないのか意味がわからない」

私たちの共通の疑問は、「なぜM選手は、そんなK子さんとプライベートで会うような親しい仲なのか」だった。自分の好きな選手とそんな仲になれるのは、連絡先を交換できるくらいの女性アナウンサー系美人に限られると思っていたからだ。だからこそ、

「そこがK子さんのすごいところだよね」

と、尊敬の眼差しでK子さんに関する話を終えたのだった。

バイトに追われ、約2週間ぶりに練習場に来た私に、「聞いて！　やばいから！」と友人が飛びついてきたのは、ムームーがもっとも似合う季節と思われる8月のことだった。そういえば、「次会うときに話したいことがある」と、3、4日前にメールが来ていたのだ。

「どうしたの？」

「あんたが来ていない間、私、K子さんの家に行ったんだ」

いつものように練習場の前で好きな選手を見守っていた友人は、その日、顔見知りがK子さんしかいなかった。おのずとふたり並んで喋ることになり、これまで以上にM選手との〝ノロケ話〟を教えてくれたという。

いつもI駅前のパチンコ店内で待ち合わせ、示し合わせたように隣同士に座ってパチンコを打つこと。M選手が気まぐれにほかのパチンコ店に行くこともあるが、「あいつのこと、だいたいわかっているから」と、見事M選手がいるパチンコ店を当てて、隣で打つこと。そういう

ときのM選手は、K子さんを一瞥したあと、穏やかに打ち続けること。忙しくてM選手からの電話に出られないときは、留守電にメッセージを吹き込んでくれること。

友人が、「私もここ以外で、彼に会いたいなあ」と羨むと、K子さんは「あなたにはムリでしょ。私くらい彼に好かれないとさ」と、いつもの物憂げな斉藤由貴が登場したという。

この日はファンの人数自体が少なかった。陽が傾き練習場付近がさみしくなりはじめたころ、K子さんは言った。

「いまから、うち、来る？」

そこまで親しくないK子さんの家か……と、気まずさに一瞬ためらったが、友人は好奇心に抗《あらが》えなかった。なにせ、いつも同じムームーを着てヒゲを生やしているのに、M選手を射止めた剛腕である。どんな暮らしをしているのか気にならないはずがない。もしかしたら、そこに、野球選手を魅了するヒントが隠されているかもしれない。友人は「ぜひ！」と二つ返事でK子さんの家に行くことにしたという。

K子さんの家は、練習場の最寄り駅から3駅ほど離れた駅にあった。駅から続く、真綿のような疲弊を背負わせてくるゆるやかな坂を15分ほど登りきったところに、無機質な団地が現れ、「ここ」と、K子さんはいちばん手前の棟を指さした。

友人は、西日を浴びて橙《だいだい》色に染まる団地を見て、後悔した。いつも、ムームーを着てヒゲを生やした女性が、団地の一室でひとりさみしくカップラーメンを食べている姿を想像してしまったからで、「どんな顔でK子さんの家にお邪魔していいのかわからなくなった」からだという。

そして、いままで「M選手とは、私たちが理解しがたいところで深い絆で結ばれているのでは」と思い込もうとしていたけど、やっぱりそうではないのではないか、という確信が抑えきれなくなってしまったのだ。

K子さんの部屋は4階だった。すっかり憂鬱な気分になってしまった友人は重い足取りのまま、黄色のムームーに包まれたK子さんの尻を見るでもなく眺めながら階段を上る。

部屋の前に着いたK子さんが、重い鉄扉を開ける。続いて友人も「おじゃまします」と言いながら入る。小さな玄関には無造作に括られたビニール傘が5、6本立てかけられているほか、スニーカーやサンダルが雑然と脱ぎ捨てられている。靴を脱ぐスペースを目で探っていると、足元を黒い物体が素早くかけぬける。

「ひっ！」

絶対にゴキブリだった。友人はさきほどよりも強く「来るんじゃなかった」と思ったという。

いつの間にか日が沈み、仄暗い部屋の中から、K子さんの「靴、てきとうに脱いで～」という優しい声が聞こえる。なんとか置けるスペースを確保した友人は、足元を警戒しながらK子さんがいるリビングらしき場所に向かう。そのタイミングで照明がついた。

まっさきに友人の目に入ったのは、柵の上がりきったベビーベッドの上に座る、小さな子どもの姿だった。

子どもは無言で友人をじっと見つめている。友人は息を飲み、目をそらすことができないでいた。無造作なセミロングで、友人が「あれは忘れられない」と強調したのが、K子さんのムームーと似たような柄のセットアップを着ていたことだった。喉が乾いていくのがわかる。

友人の体調を読んだように、K子さんがキッチンから「なに飲む〜？」とたずねてきた。友人は「おかまいなく」と絞り出し、ようやく子どもから目を離すことができたという。

布団が外れたこたつテーブルの上に置かれたのは、デザインなのか汚れなのか、どっちつかずなすりガラス風のコップ。中身は水だった。友人は、「スルーするのはあまりにも不自然だったから」と勇気を振り絞って子どもの存在に触れた。

「お子さん、かわいいですね。おいくつですか？」

「ああ、3歳。子育てってほんっと大変だよ〜、あなたも母親になったら覚悟したほうがいいよ（笑）」

いつものように斉藤由貴な声色で言う。友人の脳は疑問符で破裂しそうだった。子持ちでM選手との恋模様を語っていたのか？　いつも長時間練習場に来ているけど、その間子どもはどうしているのか？　というかいつも仕事は？　どうやって養っているのか？　今日もいままで、子どもはずっとこの中にいたのか？　ごはんは？　排泄は？　なんでずっと大人しいのか？　スーパー銭湯の館内着を子どもの分までパクってきたのか？　この水は水道水では？　まだエアコンが効いていない部屋で、友人の喉の乾きは加速し、首筋をひっきりなしに汗がつたった。

それから友人は、「K子さんの隣人の愚痴を30分ほど聞かされて」、長居は悪いからと無事に帰宅することができたという。

「子どもがいたなんて、ぜんぜん知らなかった！」

私が悲鳴に似た声をあげると、友人は「あの部屋で子どもの姿を見た私の身にもなってよ！」と悲鳴で応戦する。ふたりで盛り上がっていると、いつの間にかK子さんが静かに隣のベンチに座っていた。友人は明らかに動揺して「こ、この前はおじゃましました」と話しかける。

K子さんはいつになく物憂げだった。物憂げに髪の毛をかきあげ「Mとケンカしちゃってさ」とため息を吐く。

「なにかあったんですか？」

「これ、留守電、聞いてよ」

K子さんが自分の携帯電話を私たちに差し出す。言われた通りに留守電の伝言メッセージをスピーカーで再生すると、M選手の声が流れた。

「え〜……電話されても、困るんで」

思わず友人とふたり、目を合わせた。M選手の声であることは間違いない。でも、K子さんが言う〝ケンカ〟とはしっくりこない口調と言葉遣いなのだ。K子さんのほうを見ると、

「あー、私から謝るべき（笑）？」と、あくまで〝ケンカ〟のスタンスを貫いている。

すると、タイミングよくM選手が駐車場から練習場へ歩いていくのが見えた。K子さんは立ち上がると、M選手に向かってライターを投げつけた。私は驚いてK子さんの顔を見上げると、物憂げとは一転した般若《はんにゃ》のような表情をしているではないか。そしてありったけの声量で、

「クズ野郎‼」と罵声を浴びせるのだ。

対して、M選手は目を見開き、こう言った。

「キチガイババア」

明らかに怒気《どき》をまとった足取りで、私たちがいる場所に向かってくる。その後ろから、球団スタッフが慌てて駆けより、M選手の前に回り込んで「まあまあ」と手を広げM選手の進行を妨げる。そのままM選手はスタッフに促されるように練習場に入っていった。K子さんはいつの間にか号泣し、立ち尽くしていた。

それからK子さんの姿を練習場で見ることはなくなった。シーズンが終わったころ、美人ファンがこんな話を教えてくれた。

M選手が練習終わりやオフの日にパチンコ店にいると、必ずK子さんが隣に座ってくること。ことを荒立てたくなかったM選手は、そのままなに食わぬ顔でパチンコを打ち続けていたこと。しかし、K子さんの出没が続き怖くなり、パチンコ店を変えると、そこにもK子さんが現れるようになったこと。それからパチンコ店には行かないようになると、今度はどこから入手したのか、電話がかかってくるようになったことを――。

「ムームーを着てヒゲの生えたおばさんを、選手が相手にするわけないじゃん」

美人は笑いながらそう続けたが、私たちは笑えなかった。小さな子どもとふたり、団地の一室でいま、K子さんはどんな暮らしをしているのだろうか、そう思いを馳せると、一笑に付すことはできないのだった。

あれからお互いに〝推し〟が変わったものの、いまも親交のある友人と、今年の冬に久しぶりに会った。「私たち、野球選手と付き合いたくてがんばっていたよねえ」「高校を卒業したばかりで、覚えたてのメイクを一生懸命してさあ」などと甘酸っぱい思い出を肴《さかな》に飲むなかで、友人が「そうだ！」と声をあげる。

「M選手っていたじゃん」

「ああ、ずっと二軍にいて、すぐに引退したよね。2、3年しかいなかった？」

「そう。メディア関係の仕事に就いたみたいで、この前、私の友達が一緒に仕事したって言ってたの」

「イケメンだったから、メディア関係ってなんか頷けるね。まあずっとパチンコ打ってりゃ、一軍には上がれないよ」

パチンコ――。そういえば、M選手の隣でいつもパチンコを打っていたK子さんは、どうしているのだろうか。

あのころ大学生だった私たちにとって、「へんなおばさん」でしかなかったK子さん。社会経験を積んだいまなら、毎日のように練習場に足を運ぶ生活スタイルから、生活保護を受けているか、あるいは夜間、子どもが寝静まったころに客を取り体を売っていたのではないか、と、そんな想像に及んでしまう。

もしかしたら、昼夜問わず、自宅で客を取っていたのかもしれない。子どもは柵の上がったベビーベッドの中で、おのずと声を押し殺す訓練をしていたのではないか。だから友人が自宅に行ったときも、友人の滞在した30分以上、身じろぎひとつせず、声を漏らさずにいられたのかもしれない。

そんな日々で、K子さんはM選手に恋をした。

幸せだったのだろうか。幸せだったらいいのにな。

あのキラキラと潤う黒目の大きな目で、いままた、ほかの誰かを捕らえているとしたら、その相手に同情を禁じ得ないが……。

タクシー怪談

市川夕太郎

いちかわ・ゆうたろう
1986年、神奈川県出身。多摩美術大学在学中から映画雑誌でアルバイトをはじめる。その後、「怪談新耳袋 殴り込み！」シリーズに出演。2014年からフリーランスのライター、デザイナーとして活動を開始し、映画関連書籍や劇場用パンフレットの執筆・デザインを手掛ける。最近の仕事は、装丁『ばちあたり怪談』（著：ギンティ小林）、映画『LONESOME VACATION』（監督：下社敦郎）でのアソシエイトプロデューサー、原稿執筆『マッドマックス：フュリオサ』（パンフレット）など。

ごくごく稀にタクシーなんか使っちゃって贅沢こいてしまうことがあれば、そりゃあ、もうとにかく元を取ろうと必死になってしまう貧乏性だ。しかし〝元〟といってもドライバーさんのトークでしか回収できないので、決まって「なんか怖い話はないっすか」と聞くようにしている。「怖い話」と聞くと間口が広いので、「性別の判断がつかない梅の枝のような年寄りを乗せたら、『金がない。にっちもさっちもいかないので身体で払う』と鬼の気迫で詰め寄られ……」といった、それはそれでじっくり腰を据えてお聞きしたいエピソードトークも飛び出したりするわけだが、思わずチップを弾みたくなるほどの怖い話も聞けることがある。

もうずいぶん昔のことになるが、新宿から乗ったタクシーの、田代まさし似運転手タシロさん（仮名・以下マーシー）は、ねっとりとした口調でこんな話を語ってくれた。

犬の肉球もトロけるほど暑かったとある夏、真昼間、東京は高円寺。駅から5分ほどの場所で、30代ぐらいの男がタクシーを拾おうと手を挙げている。見た目の特徴はこれといってなにもなく、体躯は中肉中背、髪型も短すぎず長すぎず。服装は黒いTシャツに短パンで手ぶら。夜中コンビニにアイスでも買いに行くかのような、ラフすぎるほどのラフなものだった。

マーシーはその男のそばに車をつけ、ドアを開ける。

「今となっちゃどんな人相かはまったく覚えていないですね。そこらへんにいるフツーのアンちゃんですよ。特徴がなんにもないんだもの」とマーシー。

男は物言わずスッと車に入ってくる。その刹那……。

「あ、オレ、死ぬ」

なにがなんだかわからないが、男から発せられる尋常じゃない殺気。しかもそれはマーシーにだけ向けられたものということではなく、半径2メートルぐらいの範囲を見えない円で囲っているかのようにも感じる。そこにうっかり入ってしまった者はたちまち死を覚悟するほどのド殺気。マーシーはこれに押し潰された。

「生きた虎が乗ってきたかと思ったんです。腹を空かした虎がね。とにかくものすごい殺気なんですよ。長いことドライバーやってますとね、ヤクザの親分やら大物芸能人とか、いわゆるオーラってやつがすごい人は何度も乗せてきましたよ。でもね、『殺気』なんてものを感じたことはなかったですから。というか、それまでの人生で『殺気』なんて感じたことなかったですよ。あれが『殺気』ってやつなんですね」。

　虎男が放つド殺気にすっかり怖気づいてしまったマーシー。そんなマーシーにおかまいなく、虎男は妙な行き先を告げてさらに追い打ちをかけてくる。

「奥多摩《おくたま》まで」

　奥多摩とは、東京都奥多摩町のことだ。東京都といっても、小河内ダムによって造られた人造湖・奥多摩湖があり山林だらけ。ハイキングやキャンプの地として知られており、心霊スポット廃墟もあるような人里離れた土地でもある。高円寺駅から奥多摩までは約80キロの距離で、車で行くと約2時間。どう考えても、コンビニに行くような格好のまま高円寺からタクシーで行くような場所ではない。いったい、なんなんだ。マーシーは思わず「奥多摩ですか？」と聞き返したところ、「奥多摩駅のあたりまで行ってください。降りる場所に着いたら言います」と、ガンガンに放出する殺気からは想像もつかないほど、落ち着きまくった口調でクソ丁寧に返してくる。

　この虎男にはどうひっくり返っても勝てる気がしない。さっきから恐怖で身体はブルブル震えまくっているが、とにもかくにも安全運転で奥多摩にまで行くしかない。マーシーはすべてをあきらめて虎男の言いなりとなり車を走らせた。

といっても、アクセルを踏む足も震えているし、ハンドルを握る手は汗でビチョビチョだ。背後がこわい。背後がこわい。背後がこわい。いつ飛びかかってくるかわからない。時折、恐る恐るバックミラーで見てみる。すると、スマホをいじるでもなく、寝るでもなく、ただただ車窓から外の景色を静かに眺めている虎男。いまだに微塵も緩めることなくムンムンに放出しているド殺気とはうってかわって、その凛とした姿がアンバランスにもほどがある。

マーシーはこの日ほど、日々の業務で当たり前となっている「安全運転」を毎秒意識したことはなかったという。

虎男はド殺気をキープしたまま約2時間、結局一言も言葉を発さないままだった。そして、奥多摩駅のほうに近づくと、なんの変哲もないただの山道で「ここらで降ります」と一言告げ、乗車賃をきっちり現金で支払って奥多摩の地に颯爽と降り立った。恐怖の虎男が降りるとマーシーは一目散に引き返し、山を下りて人気の多いコンビニでひと息ついても、身体の震えはしばらく止まらなかったという。

なにかが起きたわけではないのに、妙に高揚する話だ。普段交じり合わないふたつの次元が、なにかの拍子に交じり合ってしまったかのような印象を受ける。それに、「生きた虎が乗ってきたかと思った」というマーシーの素敵な例えはとにかくシビれるものがある。話を聞いて以来、しばらく高円寺に行くたびに妙な緊張をおぼえてしまうほどだった。

というわけで、「虎男」はめでたく「タクシードライバーから聞いたこわい話ランキング」の一位に君臨。それから何度かタクシードライバーから怖い話を聞く機会があっても、なかなか「虎男」以上のフックのある話は聞くことができなかった。

しかし栄枯衰退は世の常。ほどなく「虎男」の座を大いに揺るがすエピソードが登場する。


とある日の深夜。やっちまった……。渋谷で仕事の打ち合わせ兼食事が深夜まで続き、気づいたら終電を逃していた。当時ぼくは中央線の荻窪《おぎくぼ》駅と阿佐ヶ谷《あさがや》駅の間に住んでいたので、距離的にもタクシーで帰るしかない。そこで渋谷駅のタクシー乗り場からタクシーに乗車した。そしていつものように、「なんか怖い話はないっすか」と尋ねる。

今回エピソードを披露してくれたのは、タクシー運転手歴25年の大ベテラン。ルパン三世の声優でおなじみ栗田貫一を無骨にしたような、ちょっぴり猿顔のクリタさん（仮名・以下クリカン）だ。


ずっと前の話。平日の深夜3時過ぎで、客足も落ち着いたころだった。クリカンは六本木から新宿方面にせっせと車を走らせていた。その途中、青山霊園の脇を通ると、なんてことない道の途中でタクシー待ちの女性が手を挙げている。歩き疲れた酔っ払いかもしれない。

少々警戒しながら女性に近づくと、どこにでもいるようなOL風の見た目で、30代ぐらいの可愛らしい小柄な女性だった。

ドアを開けて女性が乗ってくると、「天沼《あまぬま》まで」と、消え入りそうなか細い声で告げてくる。天沼……それだけでクリカンは強烈な違和感を覚えた。

「天沼」とは東京都杉並区の町名で、最寄駅は中央線の荻窪駅か阿佐ヶ谷駅だ。普通、天沼が目的地ならわかりやすく「荻窪駅のほうまで」と言ったりするはず。それにぼく自身も大いに動揺した。いま、このタクシーがまさに向かっている方面だったからだ。おいおい頼むよ。怖いよ。動揺を素直にクリカンに伝えると、「わたしもなんだか怖くなってきました」とずいぶん頼りない。

とにかく違和感を覚えたクリカンだったが、その違和感をしがむ間もなく、背後からバカでかい冷凍庫を開けたような冷気を感じた。

「はい、天沼ですね」

自分の声が震えている。なぜだかわからないが、ビビり散らかしている。クリカンはそのときふと思った。「うしろの女は生きている人間ではないんじゃないか？」と。

とっとと送り届ける！　そう決意したクリカンは、急いで車を走らせる。しかし、ふと女の視線が背中に刺さっているのに気づいた。なんで見てんだよ。見るなよ。そう思った時、女が言った。

「運転手さん……なんで見ないの？」

心臓がものすごい勢いで跳ねあがった。どうしてかはわからないが、女が乗ってきたときから一度もミラーで女の姿を確認していない。クリカンは、自分が無意識にも努めて女を見ないようにしていたことにその時気づいた。

「運転中なのでよそ見できないですから」

苦し紛《まぎ》れにはぐらかすクリカンに、女は間髪入れずにこう言った。

「運転手さん。ねぇ、こっち見てよ」

……。

「ねぇ、なんで見ないの？」

……。

「わかってるんでしょ？」

またしても心臓が派手に跳ねあがった。口から出てそのまま走り去っていってしまいそうな勢いだ。

「わたしが死んでるってこと、わかってるんでしょ？」

頭の中をすべて見透かされていたクリカン。「今日、オレは殺されるんだ」と思ったが、それも見透かされているかもしれない。そんなこと考えちゃいけない。でも、今日オレは殺されるんだ。嗚呼、一刻も早くこのやりとりを終わらせたい。しかし、女の口調はだんだん高圧的なニュアンスを帯びてきた。当たり障りなくスマートに受け流したい。

「お、お、お客さん、冗談やめてくださいよ～」

クリカンはどうしても声の震えを隠せなかった。必死こいたクリカンを無視して女は続ける。

「ほら、見なさいよ。私、死んでるから。ほら！」

まだ言う。

「ほら！　ほら！　瞳孔開いてるから。ね？　見ればわかるから」

なんてことを言うんだ。こりゃもう一瞬でも女を見てやらないと、この最悪なやりとりは永遠に続くだろう。いつ激昂しだすかわからない。運転で手を離せないのに、うしろから首でも絞めてきたらどうしよう。事故でも起きたらどうするんだ。たまったもんじゃない。でも、今日どうせ死ぬのか。それはいやだな。どうすればいいんだ⁉　わからない。なにもわからない！

すっかりパニックに陥ったクリカンをおちょくるかのように女はうしろから「ほら！　見

て！　ほら！」と追い込んでくる。そんな女にだんだん腹が立ってきたクリカンは、意を決してミラー越しに女を見ることにした。えいやっ。

女はこちらを向いたまま、首をぐにゃりと90度横に曲げていた。

車の天井に頬がつっかえていた。

しかし、立っているわけじゃない。乗ってきた時点では小柄な女だったはずが、とんでもない座高の高さを誇る長身、大柄になっている。

あまりの光景に、開いているであろう瞳孔なんて確認できるはずもなく、しかしかなり長い間しっかり女の姿を見てしまった。なんなんだコイツは……。

「その女を見てから天沼あたりに着くまでの記憶がほとんどないんですよ。ただ、あの女の姿は忘れたくても忘れられないんです」

天沼あたりまで着くと、うしろの女に「ここを右」「ここを左」と細かく指示され、静かな住宅地に入っていった。そして住宅地の狭い路地の途中で「ここで止めてください」と言われた。

言われた通り車を止めて運賃支払いのやり取りになると、クリカンは女を見ないよう、ぎゅう〜っと目をつぶっていた。そして後部座席の扉を開け、女を外へ促そうとしたその時、ガンガンガンガンと後部座席から連続で何かを打ちつけるような大きな音がする。

クリカンは一瞬開けかけた目をまたカチコチに固くつぶった。打音と一緒に車が縦揺れしている。一体何が起きているんだ？　もうやめてくれ！

　クリカンの精神が一足飛びに発狂寸前まで駆けあがると、ヒステリーをおこした女が絶叫しはじめる。

「ちょっと運転手さん！　ちょっと！　こっち来て！　靴が座席の下で挟まって取れないの！」

　クリカンはすぐに女の言っていることが理解できず、だからといって目を開けてまともに対応したくない。ただただ運転席で頭を抱えてうずくまり、時が過ぎるのをおとなしく待つことにした。しかし……。

「ねぇ！　ちょっと運転手さん！　早くこっち来て手伝ってよ！」

　女の絶叫が止む気配はなく、このまま無視を決め込んでいたらいよいよ殺されるかもしれない。とにかく女の言うとおりにしていれば命だけは助かるんじゃないか？

　さっきまでの「おし黙ってやり過ごす」という方針をかなぐり捨て、クリカンは何も考えず車を出た。そして、女を視界に入れないように後部座席のドアに回る。女の顔は見ないように、女の足元だけを見るように、細心の注意を払って女に近づく。

　すると、目の前に飛び込んできたのは、相撲取りかと思うほど太く大きな足と、フランスパングらいのサイズのベージュのパンプスだった。

　女の言う通り、パンプスの先っちょは助手席の下に挟まっている。

「早く！　なんとかしてよ！」

かなきり声で急かす女の声。やけくそになったクリカンは、パンプスが挟まった助手席を前へずらし、女の太い足首を掴んで、なんとか隙間を作った。

「ありがとう」

いきなり穏やかになった女の礼を無視して、クリカンは走って運転席に戻り、また頭を抱えて顔を伏せ、女がどこかへ消えるのをひたすら待った。

靴音と気配でわかったのだが、女は車の前方を歩いていった。

この時、どういうわけか、クリカンは女を一度この目で確かめてみたくなった。

顔をあげると、乗車する前と同じ、可愛らしい小柄なＯＬ風の女性がすたすたと歩いていた。


こんな話だった。深夜に青山霊園の近くで女を乗せて……というところまではタクシー怪談のありきたりなパターンながら、その後の展開は聞いたことがないタイプの話だ。

ただ、嘘っぽいちゃ嘘っぽい。完全な作り話ではないにしても、クリカンがシラフかどうかはちょっぴり怪しい。せっかく話してくれたのに申し訳ないが、念のために薬物使用の経験はあるのか問い詰めると、クリカンは「そんな経験ありませんよ！　死んだ母親に誓って本当の話なんです！　人に話しても信じてもらえないだろうから、ほとんど話したことはないんですけど……」と、うなだれてしまった。

　そこで、「実はわたくし心霊スポットに取材へ行ったりと、その手の仕事をしていまして」と素性を明かしてみると、クリカンは〝世の中にそんなバカげた仕事って存在する？〟という驚きの表情を隠すことなく、細かいディテールの深掘りに付き合ってくれた。

「あの女、幽霊というよりかは妖怪の類なんですかね。最後に、スタスタ歩き去っていくうしろ姿を見たとき、『ああ、オレは遊ばれたな』って感じがしたんです。だいぶ前のことだけど、自分でもまだ咀嚼《そしゃく》できていないのですが……」

　ふたりで振り返り検証しつつ、いままさにこのタクシーは件の東京都杉並区天沼付近に差し掛かっている。ふたりしてこのシンクロにひとしきり盛りあがるが、静まり返った天沼の住宅地の路地に入ると、さっきまでのテンションはぺしゃんこになって、葬式のような雰囲気になってしまった。そして車が家の前まで着くと、クリカンはこう言いやがった。

「女をおろした場所、そんなに遠くはないですよ」

　この「うしろの女」の話は、ずいぶん前に田代まさし似の運転手から聞いた「虎男」を押しのけ、即座に殿堂入りとなった。いろいろな場所で話してきたし、原稿にも書いた。これ以上のタクシードライバー怪談にはなかなか巡り合えないだろうと思っていた。

それから何度目かの、タクシー利用時のことだ。今度は品川駅から乗って、いつものように「なんか怖い話はないっすか」と尋ねる。運転手さんは、独特の〝食えない〟ふてぶてしさが、元ザ・タイガースで俳優の岸部一徳に似ているキシベさん（仮名・以下サリー）。「怖い話」と聞いて、最初は怪訝な顔をしていたが、「お客さんが聞きたいような話とはちょっと違うかもしれませんが」という前置きで、サリーはゆったりとした口調で話しはじめた。

「数年前のことなんですけどね、高円寺駅から少し離れたところで、タクシー待ちで手を挙げてる人がいたんですよ。特徴？　なにもないです。30代ぐらいですかね。部屋着みたいな格好でしたよ。で、わたしはその男の人の横に車をつけたんです。でね、その人、乗ってくるじゃないですか。そしたらね。『あ。殺される』って思ったんですよ。ただ乗ってきただけなんですけどね。なんて言っていいか。とにかくものすごい殺気で――」

待って。ちょっと待って。その話、前に聞いたことがある。田代まさし似の運転手マーシーから聞いた「虎男」じゃないの。すぐにそう思ったが、とりあえず黙って話の続きを聞いてみることにした。

「それでね、『奥多摩まで』って言うんです」

やっぱりそうだ。「虎男」だ。

サリーは異常な殺気を放つ「虎男」に背後から殺されるんじゃないかと思い、ビクビクしながら約2時間タクシーを運転し続けた。サリーにだけではなく、間合に入った者すべてに照準が合っているかのような殺気。ときおりミラーで確認すると、じっと外を眺めているだけで何もしていない。奥多摩の駅のほうまで行くと、どこでもない山道の途中で降りていったという。


前回話を聞いたマーシーからサリーが聞いた話なのだろうか。それとも同じ「虎男」に遭遇した話なのだろうか。

とにかくマーシーの話してくれた虎男とほぼほぼ一緒のエピソードだ。ぼくは演技リアクションを途中途中ではさみつつ、話を最後まで聞き終えてから「実はその話、聞いたことがあるんです」と正直にマーシーから聞いた話をサリーに話してみた。

「そうですか……。あまりの恐ろしさに、同業の友人に話したことがあるんですよ。そいつはそんな話聞いたことないとは言っていたんですけど、きっと同じようなことを経験しているドライバーさんはいるだろうと思っていたんです。やっぱり、あのお客さんを乗せた人はほかにもいましたか！」

驚愕しながらも喜びのようなニュアンスが多分に混じっていたサリー。どうやらマーシーやほかの誰かから伝え聞いた話でもないようで、どれだけディテールを深堀りしても、マーシーと同じ話しかでてこない。虎男の顔や服装に関しても、なんの特徴もないところは一致しており、もうほとんど覚えていないようだ。

　遭遇した時期を聞くと、時系列的にはマーシーよりも数年あとになってのことのようだった。そこで、虎男は一体何者なのか、サリーの考えを聞いてみた。

「わたしはね、あの人は最初、人を殺した直後なんじゃないかと思ったんです。映画の話みたいですけど、殺し屋とか。でも殺し屋みたいな人なら常にそんな殺気立ってちゃダメですよね。野生の動物にでも育てられなきゃ、あんな風にはならないですよ。でも見た目は本当にフツーの人なんですよね……」

　野生の動物。マーシーが虎と例えたことも、奇妙に一致した。そこで『腹をすかせた虎』という、マーシーの素晴らしい例えを話題に出してみる。

「虎か。……そうですね。いちばんしっくりくる。お客さん、あれはね、虎です。私が乗せたのは虎だったんですね」

　尋常じゃないほどの殺気を放ち、高円寺からタクシーで奥多摩に向かう男。否、虎。

　どなたかご存じありませんか？

ジャスト・ワン・モア・ラード

ギンティ小林

ぎんてぃ・こばやし
1971年5月5日、東京都出身。フリーライター。映画雑誌の編集&ライターを経て2007年から心霊スポット取材ルポ「新耳袋殴り込み」シリーズを発表。2008年から2013年年まで映像版「新耳袋殴り込み」シリーズに出演。2023年、新たな心霊スポット取材ルポ『ばちあたり怪談』発表。現在、市川夕太郎監督とともに心霊&ショック・ドキュメンタリー『スーサイドララバイ　きめてやる今夜』を制作中。

僕の『人に言えなかった話』は、ありのまま記すといろいろ問題が起きると思う。だから、僕の実体験をベースに虚実を織り交ぜて書いた。虚と実の配合は「虚が九割、実が一割」かもしれないし、その逆かもしれない。

心霊スポット取材を始めたきっかけ

心霊スポットを取材する仕事をしていると時々、職業・霊能力者と会うことがある。

一九九五年に映画ライターとしてデビューした僕が、心霊スポット取材を始めたきっかけは映画雑誌の連載だった。一九九九年からスタートした連載は毎号、僕が映画制作にまつわる様々な仕事を体験取材して、そのレポートを書くというものだった。当初は、映画撮影の工程を学ぶため、助監督業（の一番下っ端）としてピンク映画の制作現場に潜入し、準備から完成までの三週間、男性アクターに前張りを張ったり、ベッドシーン撮影前に男性助監督同士でカラミのリハーサルをしたりする合間に先輩助監督に嫌味を言われ、チーフ助監督にどつかれる、という映画制作現場の過酷さを体験し読者にレポートした。連載当初は、こういう体験取材が続くと思われていた。

しかし、そうならなかった。

連載を重ねるうちに、危険なアクション・シーンの撮影方法を読者に伝える、という名目でプロのスタントマンの指導のもと、僕の全身が炎に包まれたり、階段の上から蹴飛ばされて背中から転げ落ちたり、ロープ一本で爆走するバイクに引きずられたりするハードコアな内容に変貌していった。要は、僕を規格外にハードな状況に放り込んで、涙目でサバイブする様をお伝えするコーナーに変わってしまったのだ。と冷静に振り返っている感を出している僕だが、全身火だるまになったときに耐火ジェルを塗りたくった後頭部を焼き焦がそうとする炎の熱さ、両肩で燃える炎が頬をなでてくる感触はいまも脳にこびりついている……。だったら、断れば良かったじゃん、と思う方もいるだろう。しかし、当時、まだまだ駆け出しのフリーライターだった僕は、この仕事を断ったら次の仕事が来なくなるはずだ……という恐怖心、そして、これを乗り越えれば、もう少し心地よいステージに行けるのでは？　というピュアな期待で胸がパンパンだったので来た仕事はちゃんと引き受けていた。

　しかし、そんな僕の受け身なスタイルと編集部の「如何にして前回以上のハードな場面に送り込むか」という思惑が絶妙なハーモニーを奏でてしまった結果、連載はさらに過激な内容になり、二〇〇〇年を過ぎたころには、心霊スポットに送り込まれるようになった。

　なぜ、映画雑誌の連載で心霊スポット取材？

　と思う方はいるだろう。当時は、「怪談新耳袋」シリーズなど「実際に起きた」怖い話をベースにした作品がホラー映像界を賑わしていた。だから編集部的には「ホラー映画のモデルになった心霊スポットとは？」というお題目で、僕に心霊スポット取材をさせることができた。元来、画期的なビビりの僕は心霊スポットに行くたびに醜態をさらしてしまい、編集部のニーズに応えていた。その結果、「映画制作にまつわる仕事を体験取材」する企画としてスタートした連載コーナーは、完全に心霊スポット取材コーナーに様変わりした。

そして二〇〇七年には、それらの取材をまとめた自著『新耳袋殴り込み』が出版され、翌年からは書籍版「新耳袋殴り込み」がシリーズ化しただけでなく、映像版「新耳袋殴り込み」シリーズもスタートした。ちなみに本書に寄稿している市川夕太郎くんも市川力夫名義で、映像版「殴り込み」シリーズの第一作から参加していた。僕は、いつの間にかオカルト業界の末席に身を置くことになっていた。画期的なビビりなのに。

ビビりのくせに全国津々浦々の心霊スポットであらゆる無茶をやっていた僕だが、オカルト業界的には新入りだったので、業界のことをあまり知らない、うぶな存在だった。だから、「実話怪談」と呼ばれる怪談は全部ほんとの話、某有名心霊現象投稿シリーズに収録された映像も全部ガチだと信じて震えていた。それだけに、映像版「新耳袋殴り込み」シリーズがはじまった時、スタッフのひとりから、

「あの投稿シリーズはフェイクですよ」

といういま考えると、冷静な判断能力のオーナーならすぐにわかる説明を受けたときは、教えてくれた相手を力いっぱい抱きしめたくなるぐらい暖かな気持ちになった。

オカルトうぶだった僕と霊能者との出会い

オカルトうぶの僕だったが二〇〇八年に当時、オカルト雑誌『不思議ナックルズ』の編集長を

していた小塩隆之さんと知り合い、彼から怪談作家やオカルト系ジャーナリストを紹介してもらったことで、少しずつオカルト業界にいる方々の顔ぶれを把握できるようになった。小塩さんには、怪談作家や編集者などを中心にオカルト好きな方々が定期的に集まる呑み会にも誘っていただいた。それでも、まだまだオカルトうぶだった僕は、呼んでもらったときは一年坊主のような気持ちで参加した。

　こぢんまりとした居酒屋を借り切って催されていた呑み会がスタートして一時間くらい経った頃、ふくよかな体形の四〇代の男性が店に入って来た。

「Ｓさんだ」

　隣で呑んでいた小塩さんが教えてくれた。

「いま店に入ってきた人はＳさんといって、霊能者を生業にしている方なんですよ」

　霊能者？

　職業・霊能者に会うのは、この時がはじめてだった。僕らの向かいに座る呑み会の主催者男性がＳさんを見つけ高揚している。

「来ましたねＳさん！　ここに座ってくださいよ！」

　彼の隣席に案内した。上着を脱いで腰を下ろそうとするＳさんに主催者は、

「いやぁ、本当にありがとうございます！　マジでＳさんのおかげです！」

　しきりに感謝の意を述べている。興味がわき主催者とＳさんたちの会話に耳を傾けた。主催者には現在、大病を患って入院している親類がいる。その病院にＳさんが見舞いに来てくれた、と

いう。

「Sさんが見舞いに来て、お腹に手をかざしてくれましたよね！　あの後、検査したら腫瘍が小さくなっていたんですよ！　Sさん、ありがとうございます！」

「そうでしょう！　次に行ったときには、もっと小さく、いや、もう消せちゃうんじゃないかな！」

「本当ですか！　是非お願いします！」

すげえ。そんなこと、本当にあるのか。向かいの席で盗み聞きしていたのに驚きを隠しきれていない僕を見た小塩さんが紹介してくれた。

「Sさん、ちょっといいですか？　こちらの方はいま、『新耳袋殴り込み』という心霊スポット取材のDVDと本を出しているギンティ小林さんです」

「そうですか。はじめまして。Sといいます」

Sさんはじっと僕も見つめながら名刺を差し出してくれた。慌てて、僕も名刺を渡すと、受け取ったSさんは怪訝な顔つきで名刺を眺めだした。どうしたんですか……？　と恐々と尋ねると、

「あなたの家の住所を見て、以前はどんな場所かわかっちゃったんだよねぇ」

うっすら笑みを浮かべながら、僕を見つめている。つまり、僕が暮らす駒澤大学駅近くのアパート、キャッスル涼風が建つ場所にもともと何があったのか、名刺に印刷された住所を見ただけでわかるってことですか？

「知りたい？　はっきり言っちゃっていい？」

僕は上目遣いでSさんを見ながらうなずいた。

「肥溜めだったね」

え？

「君のアパートが建つ前は肥溜めだったね。長い間、肥溜めだった場所だよ。一〇〇年近く肥溜めだったよ」

言葉を失った僕にSさんは淀みのない解説をしてくれた。つまり、僕はいま、気が遠くなるほど長い間、糞尿が溜まっていた場所で御飯を食べ、寝ている……。無言になってしまった僕を見たSさんは、犯人を挙げた時の古畑任三郎チックな、おくゆかしさを感じさせるドヤ顔になっていた。

「思い当たることあるんじゃないのぉ？」

いや、どうでしょう……。

苦笑いしながら誤魔化した。

一〇五号室の住人

しかし、実は思い当たることはあった――僕が暮らすキャッスル涼風の二〇五室の真下、一〇五室の住人のことだ。

入居時に挨拶に行ったら、増田次郎さんという首がめり込んだのか、と思ってしまうくらい猫背の五〇代ぐらいの男性が独りで暮らしていた。キャッスル涼風が元肥溜めだった、と思い当た

る出来事が起きたのは、呑み会の二ヵ月前の真夏に起きた。深夜二時過ぎ。灯りを消して床に就くと、

おおおおいっ　　　おおおおいっ　ぎごえでいるのがあっ

外から怒声のようなものが聴こえてきた。網戸になっている窓辺に近づいた。下の階の住人、増田さんが窓を全開にして身を乗り出し、空に向かって叫んでいる。

「貴様らには失望させられた！　俺は明るい日差しが大好きだ！　日光に当たって生きていきたい！　なのに、貴様ら俺のささやかな願いを踏みにじり続けている！」

増田さんが『マッドマックス２』のヒューマンガス様みたいなスピーチをしている……。

「なぜ、お前らの家は、この大木を切らないんだ！　俺は何度もお願いしたはずだ！」

キャッスル涼風の隣に建つ、キャッスル涼風よりもキャッスルという名がふさわしい豪邸の敷地から生えた大木のせいで、一〇五号室が日陰になっているらしい。

「このまま俺の願いを無視するのなら、刃傷沙汰になっても仕方があるまい！　覚悟はできているのか！」

いまどき、刃傷沙汰ってどういうこと……。やばい人の上に住んじゃったな。それにしても、言うことがいちいち芝居ががってるな……。

「俺は増田次郎！　逃げも隠れもしない！　貴様らには、その覚悟があるのか！」

その後も増田さんは思いのたけをぶちまけ続けた。さすがにアパートの向かいの一軒家に暮らす大家が乗り込んでくるだろう、と思ったが一向に来る気配がない。真夜中の住宅街で怒鳴り散らしているのに、警官が来る気配もない。仕方ないので通報した。一〇分後、キーコーキーコと自転車の音が聴こえてきた。

「ちょっと！　おたく何時だと思っているの⁉」

よし！　網戸に耳をそばだてながら、警官がんばれ！　と心の中でエールを送った。

「近所迷惑になるから、ねえ。静かに話し合いしょう」

と警官が増田さんをなだめたことで、声のトーンが下がったので断片的にしか聴こえてこない。それでも聞き耳を立てていると、

「なにぃ⁉」

増田さんが突然、怒声を張り上げた。

「ふざけがって！　上の眼鏡野郎の仕業か！　チンコロしやがって……！」

どうやら警官の口が滑らかすぎて、通報者が僕であることを白状してしまったらしい……。

「あの眼鏡ぇ……せこい真似しやがって！　増田次郎を罪人扱いしやがって！　おおおおっ！」

どう考えても「大木を切れ」とシャウトしていた時よりも怒っている……。

「俺は！　お前の住居を知っている！　めくらになってもたどり着くことができる！」

上の階なんだから、そりゃそうだけど……とにかくいま、僕の身の安全が僕の人生史上トップクラスに危ない。だから、おまわりさん助けて！　と階下にいる警官に全力で念を送った。だが、

「まあまあ、増田さん落ち着いてぇ。同じアパートの住人なんだから仲良くしなきゃ。ねえ?」と半笑い気味の声で増田さんをなだめている。何やってんだよ! もっと力強い感じで頼みますよ!

「じゃ、私は帰るから。お願いしますよ!」

お願いしますよ、じゃねえよ。このダメ警官が! と夜空に向かって怒鳴り散らしたい気持ちを堪えながら、キーコキーコと警官を乗せた自転車が去っていく音を聞いていた。いつしか静寂が訪れた。と思いきや、

「おぼえてろぉ!」

ばーん

増田さんは捨て台詞をわめきながら一〇五号室に入っていった。それでも気がおさまらない増田さんの怒声が、床下からくぐもった音になって聞こえてくる。いまごろ、包丁を用意してるんじゃ……それなら電光石火の速さで、この部屋から脱出した方が良い。よし、そうと決まればいますぐ……いや、ちょっと待って。部屋を出た瞬間、一〇五号室から飛び出してきた増田さんと鉢合わせたらどうしよう……何か武器になる物を持った方が良い! 何かないか!? と部屋を見回した。完全武装したアクション映画のキャラクター・フィギュアやトランスフォーマーの玩具はたくさんあるが、気の利いた武器になりそうなアイテムは何ひとつない。それなら俺も包丁を……違う! それはダメだ! 万が一、誤って増田さんを刺殺してしまったら後戻りできない……嗚呼、どうして僕は、いつかこういう時が来ることを想定して少年時代から格闘技を修業し

ていなかったのだろう……っていまは、そんな後悔をしている場合じゃない！　この現状を打破するための最高のプランを考えなきゃ……と思うのだが、身体が震えて何も浮かばない。いったい、どうすりゃいいんだよ！　床下から増田さんの怒声が伝わってくる。怒りに身を任せて部屋中をせわしなく歩き回っているようだ。

僕は気配を悟られないように、息を殺しながらガラス窓を少しずつ少しずつ、一〇分ぐらいかけて閉めた。

何もできないまま、まんじりともしない時間が続いた。真夏の締め切った部屋はサウナのようになり、身体から汗が流れ続けるのをぐっと堪えながら。一時間ほどすると、下の階からアグレッシブな気配を感じなくなっていた。増田さん、寝たな。良かった……。じゃ、僕も寝ますか、と窓ガラスを開けると、

「だ、だずげでくだざぁい！」

増田さんがまた叫びだした！

「許してぐだざい！　もうじまぜんがらぁ！」

誰かに怒られてるの？

「ぐっ、ぐるしいぃ……じゃめてください！」

首でも絞められてるのか？

「ばかめぇ！　貴様のような奴はこうしてやるぅ！」

増田さんって同居人がいたの？　だったら、もっと早く止めてくれよ！

「いだいです！　じゃめでぐだざい！」

「ダメだ！　俺は貴様のような豚を苦しめるためにいるんだ！　まだまだだ！」

「ぎゃあああああ！」

増田さんは絶叫している。

「もっと懲らしめてやるぅ！」

待てよ。増田さんを苦しめている男性の声に聞き覚えがある……。

「じゃめでぐだざい！　ダメだ、この豚が！　で、でも、もう私には耐えられまじぇん！　貴様、まだまだだと言っているだろ！」

どっちも増田さんの声だ。一人二役だ……。気づいた瞬間、全身の毛が逆立った。規格外の要注意人物が、僕の足もとに棲んでいる。急いで荷物をまとめると、部屋を飛び出し、できる限りキャッスル涼風から遠い場所に向かった。

翌日、隣の豪邸が呼んだ植木屋が、キャッスル涼風の敷地内に伸びた枝をばっさり切った。そのことで増田さんの機嫌は回復したのか、怒鳴り込んでくることはなかった。それでも油断は禁物なので緊張の日々を過ごしていた。が、一ヵ月後、増田さんはせっかく日当たりが良くなったのにキャッスル涼風から去っていった。

以上が、肥溜めに建てられたキャッスル涼風で起きた「思い当たる」ことだが、職業・霊能者のSさんには言う気にはなれなかった。

　翌年の正月、Sさんから年賀状が送られてきた。デフォルメされた干支の牛がプリントされた年賀状に、黒いボールペンで、「健闘を祈る！」と書いてあった。きっとSさんは「この場所、肥溜めだな」と思いながらキャッスル涼風の住所を書いたんだろう、と思うと新年早々なんともいえない悔しさが込み上げてきた。そうはいってもSさんは、呑み会の主催者の親類のお腹に手をかざしただけで腫瘍を小さくし、住所を見ただけで土地の過去がわかる（かもしれない）。この一件で、僕は霊能者って本当にいるんだな……と思うようになった。

BUCK-TICKのボーカル・櫻井敦司にそっくりな霊能者

　二〇〇八年の秋。「肥溜め」のSさんと会った呑み会から一ヵ月経ったころ、当時お世話になっていた先輩怪談作家から、彼の新事務所で行われる食事会に呼ばれた。事務所に着くと、先輩怪談作家、彼の担当編集、そして異様な出で立ちの男性がすでに酒盛りをしていた。

「ギンティは、この人と会うのははじめてだっけ？」

　こんな独特なファッションの知り合いはいない。なぜなら長い黒髪に黒いジャケット、黒いシャツ、そして妙に太い黒いパンツという全身ブラックなドレスコードに首から銀の十字架、両手には白い手袋を装着している。なにか漫画かアニメのキャラクターのコスプレをしている方なのか……。

「この人は僕が全幅の信頼を寄せている霊能者なんだ！」

また霊能者がいる呑み会か……。先輩怪談作家が得意気に紹介した、黒い霊能者はうっすらと笑いながらうつむいていた。

「はじめまして。エスポワール・ラードです」

はい？

「エスポワール・ラードです」

低い声だった。ギンティ小林が言うのもなんだが、本名の要素が微塵もない名前だな。「肥溜め」のSさんは中学校教師のような風情で、市井の中に溶け込める方だった。この人は違う。社会参加している感が一ミリもない格好だ。こういう霊能者もいるのか。僕は挨拶をしながら名刺を差し出した。

「すいません。僕はいま、名刺を持っていないのですが」

そう言いながらエスポワール・ラードさんは受け取った名刺を読んでいる。この人も「ここ肥溜めでしたね」とか言うんじゃないだろうな……とハラハラしたが、

「お住まいは駒沢なんですね」

と言って名刺をしまった。

「ギンティ！　ラードさんは凄い人なんだよ！」

前回の呑み会主催者が「肥溜め」のSさんに感謝していたときのように先輩怪談作家もラードさんを力いっぱい讃えている。

「霊能者というのは疑わしい輩が多いけど、エスポワール・ラードさんは違う！　だから、この事務所を開いたときに祝詞を上げてもらったんだよ！」

「ええ」

ラードさんがはにかんでいる。その顔を見てぎょっとした。ＢＵＣＫ－ＴＩＣＫのボーカル、櫻井敦司さんの若い頃にあまりにも似ていた。もう、若い頃の櫻井さんがやけに太いパンツを履いて僕の前にいる、と書いてしまっても過言ではない。そのくらいそっくりだった。

酒盛りは二時間ほど開かれたが、ほぼ先輩怪談作家のワンマン・トークショーだった。エスポワール・ラードさんとは挨拶以上の会話はなかったが、呑み会の間の彼の口数は少なく、物腰も実にクールであった。まるで、昭和の少女漫画に登場する、主人公が最初に好きになるクールな王子様タイプのキャラクター（でも、主人公は最終的には庶民的な幼なじみと交際する）みたいな人だ。そんな人がこの世にいるんだな。ズボンはやけに太いけど。上半身はＶ系、でも下半身は氣志團——この時のエスポワール・ラードさんの印象はこんな感じだった。


それから一ヵ月ほどしたころ、新宿のトークライブハウスで、オカルト業界の方々が一堂に会するイベントが開催された。「新耳袋殴り込み」の取材クルーで通称・殴り込みＧメンと呼ばれていた僕や力夫たちも出演依頼を受けていた。イベント当日、トークライブハウスの楽屋に入ると、オカルト業界の方々でごった返す楽屋の隅でエスポワール・ラードさんがクールに座っていた。

「あ、ギンティさんじゃないですか！」

今日もマスクは櫻井敦司さんに瓜二つだがパンツは極太なラードさんは、とびっきりの笑顔で挨拶してくれた。意外と人懐っこい方なのかもしれない。実際、サシで話すラードさんは実にフランクな方だった。そうはいっても「実話怪談」にこだわりを持つ先輩怪談作家が自分の事務所で祝詞を上げてもらうほど信頼している霊能者なので、いつ「あなたのアパート、肥溜めでしたよね」と言われるかも、という不安もあった。しかし、そんなことはなく、イベントの間、楽屋でラードさんとの会話は景気よく弾み、今度呑みに行きましょう、という約束を交わすまでになった。

イベントを境にぐっと距離が縮まった僕とラードさんは、頻繁に電話で話すようになった。当初はお互い遠慮して、社会人の終業時刻が過ぎたころに電話をかけていた。しかし、会話を重ねるうちに僕は締切りさえ守ることができれば、いつでも酒を呑んでも良いフリーライター。浮世離れしたラードさんは、絶好調に社会参加感がない方なのでド平日の真っ昼間から酒を呑みながら電話するようになった。僕はいままで会ったことがないオリジナルすぎる出で立ちをして、霊能者という未知すぎる職業を生業にしているラードさんに興味津々だった。そのため最初のころの電話は、僕がラードさんの経歴を質問することが多かった。その会話で以下のようなことがわかった。

「ラードさんの年齢は非公表」

「二〇代のころ、占い師もやっていた」

「そのころに霊能力が開花した」

「世田谷で整体師をしていたこともある」

「離婚歴があり、現在は埼玉県某所で独身生活を送っている」

　こんなことを教えてくれつつ、時おり、

「この前、長年、おつきあいがある財界のある大物の方に呼ばれてお祓いをしてきたんですよ。終わったあと、分厚い札束を渡されそうになりましたけど断りましたよ」

　という大物霊能者ならではの発言も低音ヴォイスで挟み込んでくるラードさんであった。「自分は金のために霊能者をやっているわけではないですから」と語るラードさんはアルバイトをしているという。欲のない人だ。

　そんな呑み電話を重ねるうちにラードさんが特撮好きなことが判明し、チャイルディッシュな話題が増えるようになった。そうなると徐々に「照れ」や「男性にもあるはじらい」といったブレーキは崩壊していき、いつしか話題は「お互いの好きな女性有名人を言い合う」や「好きなAV出演者を教え合う」、さらにラードさんがやたら念を押してくる教え――「どんなに可愛くてもタレ目の女性は信用しちゃいけない。絶対に裏切るから（註：あくまでもラードさんの見解です）」も含めて放課後感覚あふれるものにトランスフォームしていった。

「ギンティさんは何を呑みながら電話しているんですか」

　黒霧島です。

「焼酎なら鍛高譚が呑みやすいですよ。あとワインは好きですか。今度、美味しいワインをご馳走しますよ」

　このように新学期に意気投合した小学生なみに打ち解けたが、それでもラードさんに霊視してもらうことはなかった。が、その代わり、画期的に心を許した僕は人間関係の悩みを打ち明けるようになっていた。恥ずかしい話だが、このころの僕は、一緒に心霊スポット取材に行く先輩から面倒なパワハラを受けていた。その先輩、ただでさえ酒癖が悪いのに最近、飲む量がふえてきて……もう、あの人とつき合うのは限界なんですよ、とため息交じりに漏らすとラードさんがこんなことを言い出した。

「ギンティさんは大丈夫ですよ」

　大丈夫って、僕がまだパワハラに耐えられる、ということなのか……。

「違いますよ。その先輩、もうすぐ取材には行けない身体になりますよ」

　ありがとうございます……気休めでも、そう言ってもらえると少しは救われます。こんな感じのお礼を言った気がする。

赤ワインと鍛高譚

　数日後、力夫から電話が来た。

「もしもし、ギンティさんですか⁉　ギンティさんが大嫌いな先輩がベロンベロンに酔っぱらって自転車に乗っていたら、転んで骨折したんですよ！」

まじ？

「本当ですよ！　あの人、当分の間、安静にしていないといけないから、僕らと取材に行けなくなりました！」

ラードさん、いや、ラード様が言っていたとおりのことが起きた……。僕はしどろもどろになりながら、そのことを力夫に教えた。

「マジっすか⁉　でも、あの先輩、最近はすぐに泥酔して帰り道によく怪我していませんでしたっけ……。だから、自転車から転倒するのも時間の問題だったんじゃないですかね？」

水を差すようなことを言うなよ！　いまはただ、この奇跡を前向きに受け止めようじゃないか！

「はあ……」

それはそうと今度、新宿でラードさんと呑むんだよ。面白いから君も一緒に行こうよ！

「い、いや。俺はいいですよ……」

と渋るのを半ば強引に誘い、力夫の参加が決定した。

呑み会の当日は土砂降りだった。僕と力夫は夜まで某漫画家とともに行く取材があったため、集合時間は午後一〇時、場所はラードさんが予約してくれた新宿の居酒屋に決まった。取材を終えた僕らは呑み会に向かう準備をした。

「午後一〇時スタートということは朝まで呑む気なんですよね……」

強制参加が決定している力夫がげんなりしている。

「え？　いまから朝まで呑むの⁉　羨ましいな！」

取材に同行していた、酒好きで知られる漫画家が興味を示した。このあと、霊能者の方と呑むんですよ、と話すと俄然興味が増したようで、彼も同行することになった。

「力夫さんも来たんですね！　待っていましたよ」

今夜もクールな黒尽くめだけど、やっぱりズボンは極太仕様のラードさんが予約したのは、個室の居酒屋だった。そりゃ、そうか。いまから高名な霊能者であらせられるラード先生と呑み明かすんだ。きっと、科学や常識では計り知れないトークがスパークされることだろう。隣席にサラリーマンや学生たちがいたらドン引きされる危険がある。だから個室にしたんだな。さすがラード先生！　僕はまず、パワハラ野郎が取材参加不可能になったことを胸いっぱいの感謝とともに伝えた。

「電話でギンティさんが先輩のことを話していた時、その方が事故に遭う光景が見えたんですよ」

そうなんですね！　さすがです！　ラードさんは凄いなあ！　と力の限り褒めちぎる僕を、向かいの席に座る力夫と漫画家が高速の瞬きをしながら口を開けて見つめている。

「それじゃ、かんぱーい！」

常識を遥かにフライングしたトークが繰り広げられるであろう宴が始まった。

「うわ……僕以外はみんな煙草を吸うのか」

ラードさんは嫌煙家だった。それでも取材中、煙草が吸えなかった僕らは煙突のように吸った。取材中、水分補給もできなかった僕は瞬く間にグラスを空にした。じゃ、次は何を頼みましょうか、とメニューを開くと、

「ちょっと待って。これ以上、お酒を頼んではダメです」

ラードさんが僕らを睨みつけながら言い放った。ただでさえ櫻井敦司さんそっくりの迫力のある顔の眉間が割れたようになっている……怖い。そう思ったのは僕だけじゃない。力夫と漫画家もびっくりしている。もしかしたら霊能者としての居酒屋での流儀があって、僕はそれを犯してしまったのでは……どうしよ。なにか失礼があったでしょうか……とおずおずと尋ねるとラードさんはクールな低音ヴォイスで説明した。

「この店、高いんですよ。そんなに好き勝手にお酒を頼んだらいくらすると思っているんですか」

え、そういうこと……じゃ、どうすればいいんでしょうか？

「大丈夫です。僕がこういうものを持ってきたんですよ」

ただでさえ櫻井敦司さんに似ている鋭い眼力のオーナーであるラードさんは、さらに眼をバキにさせ、黒いカバンから何かを取り出そうとしている。

「ほら、これですよ」

ラードさんは大きなペットボトルに入った赤ワインをＦ１王者が持つトロフィーのように掲げた。このペットボトル、一・五リットルはある。今夜は長い夜になりそうですね。

「なに言ってるんですか！　長い夜に、じゃないですよ！　あの……ラードさん、もしかして、その赤いワインを店員にバレないように呑むために個室の居酒屋にしたんですか……？」

　力夫が真っ直ぐすぎる疑問を投げかけた。

「そうですよ。お得でしょ」

　櫻井敦司似の生き写しのようなラードさんは1ミリも迷うことなく即答し、微笑んだ。いま考えると、決してやってはいけないことだが当時、すっかりラードさんのパワーに驚愕しちゃっていた僕は、先生は霊能力をお金儲けのために使っていない。つまり、金がない。だから、仕方がない！　という完全アウトなロジックで納得してしまっていた。

「ほら、前の電話のとき、ギンティさんに美味しい赤ワインをご馳走する、って言っていたでしょ。これですよ。この赤ワイン、安いんですけど美味しいんですよ」

　ラードさん、あんたって人は……。正味な話を言うと、高級なワインバーに連れて行ってくれるのかと思っていた。でも、ラードさんのピュアな心遣いに涙が出そうになった。それじゃ、皆さんでラード先生おすすめのワインをいただきますか⁉　と皆がウーロン杯や生ビールを呑んでいたジョッキに赤ワインを注ごうとすると、

「すいません！」

　と力夫が遮った。急にどうしたの？

「あの……いま思い出したんですけど、明日の朝までに終わらせなきゃいけない用事があったんですよ！　来たばかりで悪いんですけど帰りますね！」

力夫の爆弾発言を聞いた漫画家も慌てて、

「そうだ！　俺もネームやっとかないと間に合わないんだ！　すいません……」

と言い終わるや否や、ふたりは脱兎の如く荷物をまとめて店を出ていってしまった。

「ま、これで煙草を吸うのがギンティさんだけになるから、少しは息苦しくなくなるかな。じゃ、呑みましょう」

ラードさんは櫻井敦司さんチックな涼しげな顔つきで、僕のジョッキに赤ワインを注ぎだした。

赤ワインはラードさんとふたりでアッという間に空にしてしまった。

「実は、こんなこともあろうかと思って、こういうのも用意してあるんですよ」

そう言うとラードさんは、黒いカバンから鍛高譚のボトルを取り出した。全身黒尽くめで白い手袋をしたラードさんがクイックな動きで、カバンから焼酎ボトルを取り出す姿は、櫻井敦司さん似のマジシャンにも見えて、赤ワインをがぶ飲みしていた僕はすっかり魅了された。ラードさん、やるぅ！

「ギンティさん、焼酎呑むなら鍛高譚です。シソの風味がたまらないんですよ」

この時以来、僕は独り呑みのときも力夫のアパートで呑むときも黒霧島ではなく、鍛高譚を呑むようになった。

上機嫌になったラードさんは、さらに饒舌になった。

「実は僕、別れた妻との間に娘がいるんですよ……」

ラードさんの口から予想外すぎる告白がこぼれた。娘さんとは幼いころに別れて以来、ずっと会えていないという。いまは小学生になっている。

「子どもに会えないのは寂しいもんですよ……」

そう呟くと、櫻井敦司さんを思わせる鋭い眼を少し赤くしながら、遠くを見つめていた。意外だった。

こういう姿を見るうちにラードさんの印象は変わっていった。当初は、先輩作家が全幅の信頼を寄せている霊能者という敷居が高いイメージだった。しかし、目の前にいるラードさんは限度を超えたハンサムで類まれな霊能力のオーナーではあるだろうが、ナルシストなのに天然、というか抜けているところが多々ある人懐っこいお茶目な人だった。会話の端々から淋しい少年時代を、いや、いまもどこか淋しい生活を送っていることも伝わってきた。それでも常にパンツが太い、という印象はキープオンされたまま。あっ、そのことをいま伝えればいいんだ！　ラードさん、細いパンツをはいたほうが似合いますよ。

「そんなの僕の勝手じゃないですか」

怒られてしまった。なぜ、そんなに太いパンツをはいているんですか？　と聞いても「ギンティさんには関係ないことです」の一点張り。ラードさんが図太いズボンをはくのは、霊能者的に人に言えない大事な理由があってのことかもしれない。それなのに僕は、その大事な領域に土足で踏み込んでしまった……。

霊能者の指示どおり禁煙するギンティ

時刻は午前八時を過ぎようとしていた。しかし、僕らは河岸を二四時間オープンの日高屋に変えて、まだ呑んでいた。話題は尽きることがなかった。

「ギンティさんの『新耳袋殴り込み』を読みましたけど、今後はもっと違う取材をしないといけないと思いましたね」

この頃からだろうか、ラードさんは僕の心霊スポット取材活動にアドバイスしてくださるようになっていた。じゃあ、どうすればいいんですかね？　と聞くと、

「僕が協力できれば、もっと面白い企画にできるんですけどねえ」

でも、『新耳袋殴り込み』は霊験あらたかな霊能者に頼らずに心霊スポット取材をする企画ですからね……。ラードさんとは『新耳袋殴り込み』とは別の心霊スポット取材をやると面白いかもしれませんね。その前に『新耳袋殴り込み』の最新刊を面白い本にしなきゃいけないんですよね……ちっとも書く気が起きない。面倒くさいなあ。

「ギンティさん、最近、原稿を書こうとする気が湧かないでしょう」

え！　どうして貴方はそんなことまでお見通しなんですか……まあ、原稿を書く気が起きないのは最近にはじまったことではない気もするが……この時の僕はおおいに動揺した。

「やっぱり、そうでしょう。僕の言ったことを守れば、原稿を書く気が起きますよ」

本当ですか⁉　やります！　何でもやります！　で、何をすればいいのでしょうか……？

「まずは、いまから煙草をやめることです！」

え。

「このまま煙草を吸い続けたら原稿を書けなくなりますよ！　それでもいいんですか」

嫌です……。

「じゃあ、いまから煙草をやめますね」

……はい、私は煙草をやめます！

「わかりました。すいません」

とラードさんは店員を呼び出した。

「あの、塩をいただけますか」

ラードさんにオーダーされた店員は厨房から食卓塩を持って来た。一般家庭にある赤いキャップの小瓶だ。

「ギンティさん、手を出してください」

と言うと僕の手に食卓塩をふりかけ、「はっ！　ぱっ！」と何やら唱え、僕に向かって、手刀で数回、空を切った。よくわからないけど、何かすげえ……。

「ギンティさん、何かペンを持ってますか？」

カバンからボールペンを出した。「よし！」とラードさんはボールペンを受け取ると、テーブルに備え付けの紙ナプキンを取り出して、手袋をしたまま何やら描きはじめた。ズボンはゴン太だが櫻井敦司さんに似たラードさんが足を組みながら、絵を描く姿は一流アーティストのようであった。しかし、肝心の画力は幼稚園児レベル……。何やら龍のようなもの長細い生き物を描いているようですが？

「白蛇です。僕が念を込めて描きました。これをお財布に入れてください」

たしかに、よく見ると白い蛇が舌を出している。稚拙、というか素朴な画力が、逆に説得力を感じさせる……気がしてきた。僕なんかのためにこんなことまでしていただけるんですか……何度も頭を下げながら、紙ナプキンを丁寧に畳んで財布にしまった。

「あと、これも手首に着けてください。僕が念を込めて作ったパワーストーンブレスレットです」

もう！　至れり尽くせりじゃないですか！　最大限に上機嫌になった僕はラードさんとともに昼過ぎまで日高屋で酒盛りをした。

ラードさんと約束したからには、禁煙を成功させなければ！　と胸に刻みつけた僕は翌日、禁煙外来に行き、ニコチンパッチと飲み薬を処方してもらった。

「ギンティさん、本当に煙草やめたんですか？　そんなんで原稿書く気になるのかな……」

またしても力夫はドストレートな疑問を投げかけてくるが、手応えはビンビン感じていた。ラードさんにお祓いをしてもらって以来、原稿がはかどることはかどること！

「それはギンティさんがその気になりやすいのと、ニコチンパッチのおかげでイライラしないからじゃないかな……」

どうして君はいつも夢がないことを言うの⁉

「そりゃそうでしょ！　居酒屋に赤ワインのボトルを持ち込んじゃう人に、そんな力がありますかね……」

こいつの発言を覆したい、という新たな目的もトッピングされ、僕の禁煙活動はその後、さらに気合が入ったものになった。同時に知人たちは、僕のいないところで、こう噂するようになった。

「最近のギンティ、妙にテンションが高いし、気が短くなっていないか……？」

しかし、そんな噂は、ラードさんからいただいた数珠のパワーのおかげで、ビタ一文も耳に入ってこなかった。その数珠の御礼に後日、僕はラードさんが興味あるといっていた、漫画のセットをプレゼントした。

「ありがとうございます。こんな立派なものをいただいても良いのですか」

ラードさんはたいそう喜んでくれた。しかし、漫画本を手に取ると櫻井敦司さんと見紛うほどの顔を曇らせた。

「これ……古本ですね」

おっしゃるとおり、定価で買うと値が張るので、中古のセットを購入しました。

「僕、古本を読めないんですよ。前の持ち主の念を感じてしまうから」

そんなデリケートな体質だったことを気づかずに申し訳ありませんでした！

「気にしないでください。そういう身体なので、素手で何かに触るといろいろわかりすぎてしまうんです。だから、常に手袋をしているんです」

なるほど！　強烈なパワーを手袋で封じ込めているんですね！

「僕も今日はギンティさんにプレゼントがあるんです」

ラードさんは一枚のＣＤ‐ＲＯＭを差し出した。

「素敵な映像が入っていますから。中身は帰ってからのお楽しみですよ」

帰宅後、ＣＤ‐ＲＯＭを再生した。気になる中身は、干物のように痩せて目が吊り上がった女性が出演するハードな無修正ＡＶだった。なんで、こんなのプレゼントしてくれたんだろ……。

本当に不思議な人だ。

「警察に疑われないという保証があるのなら、世田谷一家殺人事件の犯人も特定してみせますよ」

二〇〇九年四月某日の深夜、僕らは先輩怪談作家が主催する怪談トークイベントにゲスト出演していた。

「今日は殴り込みＧメンに、僕から取材場所の提案があるんだよ！」

壇上でＭＣを務める先輩作家が二〇〇九年の夏にリリースする『新耳袋殴り込み』で、是非取材してもらいたい場所があるという。それは、こんな話であった。

いまから数年前、関西某所で当時、小学校高学年だった少女が行方不明になった。最近、少女が遊んでいた山道で、彼女に似た霊の目撃情報が多発している。

「どうだい？　こういう事件にまつわる目撃譚があるんだけど、行きたくないか⁉」

まだ解決していない事件の被害者少女はすでに亡くなって霊になっている、と心霊スポット取材ドキュメンタリーで取材するのは、どうなんでしょう……と首をかしげる僕らを見た先輩作家の鼻息は荒くなった。

「そうなんだよ！　これは未解決事件なんだよ！　それを君たち殴り込みGメンの力で解決したいと思わないか⁉」

どういうこと？　とますます首をかしげる僕らを見た先輩作家は満足気になり、楽屋口に向かって声を張り上げた。

「それでは、お呼びしましょう！　霊能者のエスポワール・ラードさんです！　どうぞっ！」

不敵な笑みを浮かべたラードさんが割れんばかりの拍手とともに登壇した。で、ラードさんと未解決事件は何の関係があるんですか？

「よくぞ聞いてくれた！　エスポワール・ラードさんは僕が絶大な信頼を寄せている霊能者だろ⁉　そのラードさんは、少女の遺体が埋められた場所がわかるんだよ！　君たちはラードさんと共に関西某所に飛んで、少女の遺体を見つけて警察に連絡するんだよ！　事件を解決に導くんだよ！」

先輩作家は自分のプランニングを一気にまくしたてた。殴り込みGメン一同、考え込んでしまい言葉が出ない。

「お前たち、何を悩んでいるんだ⁉　ラードさん、少女の遺体の場所がわかるんだよな⁉」

「はい。わかります」

即答していた。その晩のイベント終了後は、恒例のカラオケ大会を中止して、殴り込みＧメンとラードさんで日高屋での緊急ミーティングをすることになった。

「ラードさん、イベントで言ったことは本当ですか……？」

力夫が安定のストレートな質問をぶつけた。

「ええ。わかりますけど車で行ける場所ではないですよ。崖の下の森の中に埋められているので。近くまでは車で行けますが」

やけに具体的に言うな……。

「御遺体の場所がわかっても……皆、本当に取材する気ですか⁉」

力夫ならではの率直な疑問だ。当時でもアウトな企画だったと思う。しかし、この頃、倫理観のブレーキが壊れていた僕らは意味不明な義務感に駆られていた。その証拠に、スタッフのひとりがこんなことをつぶやいていた。

「そっか、崖の下の森の中か……そうしたらロープとスコップを用意しなきゃ、だな……」

二ヵ月後、再び先輩作家の怪談トークイベントにゲスト出演した。壇上には先輩作家、ラードさん、殴り込みＧメンがいた。先輩作家が得意気な顔で聞いてきた。

「で、殴り込みGメンは、未解決事件の取材をする気になったのかい⁉」

「やります」

Gメンのメンバーが力強く返事した。僕らは二〇〇九年にリリースする『新耳袋殴り込み』最新作では関西の心霊スポットを巡り、最後に行方不明少女の捜索をする、という計画を立てていた。

「おぉ！　とうとう、僕が考えたミッションをする気になってくれたのか！」

先輩作家が顔を上気させながら、

「じゃあ、ラードよ、Gメンとともに関西へ行って、僕のミッションを遂行してくれたまえ！」

「僕、一緒に行くとは言ってませんよ」

ラードさんが言い放ち、先輩作家が言葉を失っている。その後も先輩作家は関西に行くようにと促し続けたが、ラードさんは最後まで首を縦に振ることはなかった。先輩作家が考案したミッションの華々しい製作発表になるはずであったイベントは、風呂の中でこいた屁のような微妙な終わり方をしてしまった。

その帰り、こんな時でも恒例のカラオケボックスに行った僕と力夫の前でラードさんはこう言った。

「ずっと発見されていない少女の遺体を見つけてしまったら、僕が容疑者として疑われるじゃないですか。警察に霊能力でわかりました、と言っても信じてもらえるわけないじゃないですか」

いま思えば、それなら最初にそう言ってくださいよ！　という話だが、この時の僕はなるほど、霊能者には能力を持つ人ならではの悩みがあるのか……と妙に納得してしまっていた。横にいる力夫が冷ややかな目を向けながら煙草の煙を吐いていた。そんな僕らにむかってラードさんは、こうも言った。

「僕が絶対に警察に疑われないという保証があるのなら、世田谷一家殺人事件の犯人も特定してみせますよ」

「あいつと娘の間に何があったか知っているのか⁉」

結局、二〇〇九年にリリースした『新耳袋殴り込み』最新作では、行方不明少女の捜索ミッションは実行されなかった。いま考えるとやらなくて本当に良かった。もしも、やっていたら大勢の方たちに迷惑をかけていただろう……。

「ギンティ、最近、ラードと仲良くしてるらしいな⁉」

所用で先輩怪談作家の事務所を訪ねると、開口一番にこう言われた。おっしゃるとおり、その後もラードさんとの交流は続き、手首に装着した数珠もいまや六個。順調に増えている今日この頃です。

「あいつのこと、あまり信用しないほうがいいぞ！」

いつの間にか「ラードさん」から「あいつ」に格下げしている……。そもそも、あなたが「僕が全幅の信頼を寄せている霊能者」と色んな人にがんがん紹介してまわっていたじゃないですか……という素朴な疑問など門前払いする勢いで先輩作家はラードさんへの不信感を露わにした。

「あいつ、怪談イベントの会場で勝手に石、売っているだろ！　それにゲストなのをいいことにイベント中、楽屋から大量の酒とツマミを注文してんだよ！」

先輩作家の怪談イベントに出演する際、僕やラードさんたちはノーギャラだから、それぐらいは見逃してもらっても……と思ったが、先輩作家の気は収まらない。この頃のイベントには殴り込みGメンとラードさんだけでなく、オカルト好きで知られる、あるロックバンドのボーカリストも出演していた。おかげでイベントにはバンドのファンが多数来場していた。そのためイベントでは、先輩作家とボーカリストがラードさんの霊能力にバックアップしてもらいながら、さまざまな心霊スポットに潜入取材する映像を上映するようになっていた。

「あいつ、次のイベントのために八王子城跡で撮影することになっていたのに、当日にドタキャンしたんだよ！　電話したら、僕は行きませんよ、って言いだして！」

また、ラードさんの得意技、というか先に言わないとダメなやつが発動したのか。

「そんな恐ろしい場所に行って、ふざけた真似はできません、って言いやがって」

のちに『新耳袋殴り込み』シリーズで、八王子城跡内にある、多くの方々が自害された滝でフルチンになって打たれた僕が言うのもなんだが、霊能者的には真っ当なことを言っているんじゃないかな、と思った。しかし、ドタキャンを喰らった先輩の怒りはさらにヒートアップした。

「しかも、あの野郎はバンドのファンに石を売りつけているんだよ！」

まるで新興宗教の悪徳勧誘のように言うが、それはファンの方たちが純粋に欲しかったんじゃないですか？　それにラードさん、あのルックスだからバンドのファンの受けがいいんじゃないですか？

「お前は何もわかってねえな！　じゃ、あいつに娘がいる、って知っているのか⁉」

はい。前に呑んだとき、「娘に会えなくて寂しい」って泣きそうになっていましたよ。

「会えるわけねえだろ！　あいつと娘の間に何があったか知っているのか⁉」

鼻息が荒くなった先輩作家は、嘘か本当かはわからないが、こんなことを一気にまくし立てた。

「ラードは結婚して娘ができたのに働いてなかったんだよ！　カミさんが働いている間、あいつは二歳か三歳の娘をほったらかして、家でテレビゲームばっかやっていたんだよ！　しかも、ゲームを中断したくないから、小便がしたくなったら一・五リットルのペットボトルに溜めていたんだよ！　で、小便でいっぱいになったペットボトルを自分で流すのが面倒くさいから、どうしたと思う⁉」

さあ……？

「まだ、二歳か三歳の女の子にトイレまで運ばせたんだよ！」

マジですか……。

「普通するか、そんなこと⁉　そうしたら女の子には一・五リットルのペットボトルが重すぎて、運んでいる途中で脚に落として怪我しちゃったんだよ！　それを知ったカミさんが激怒して、離婚されたんだよ！　そんなヤツが娘と会えるわけねえだろ！」

もう一度書くが、この話が嘘か本当かはわからない。でも、この時の僕は、ラードさんならやりそうだな、と思っていた。なので、僕は先輩作家の怒りの炎を消化するため、とんでもない野郎ですね、と調子を合わせて退出した。

「ギンティさん、この一年ぐらいの間でどんどん変になっていますよ！」

この時期を境にラードさんは怪談イベントに顔を出さなくなった。楽屋では、それまでラードさんと心霊スポット取材をしていた彼らの取材クルーたちが、「とんでもない詐欺師だったなぁ！」と彼に抱いていた違和感を打ち明け、検証していた。正直に書くと、その会話にも調子を合わせつつ僕は個人的にラードさんと会っていた。

「あの先輩作家、とんでもない男ですよ！」

こちらではラードさんが憤慨していた。この話も嘘か本当かわからないが、ラードさんは先輩作家の数々の悪行を、「被害者から相談を受けている」と言いながら披露していた。面倒なことになってきたな。

以前から、こういう面倒なときは、よく力夫のアパートに呑みに行っていた。

「ギンティさん、ずっと言おうと思っていたことがあるんですけど……」

一時間ほど呑んだころ、力夫が思いつめた顔つきでこんなことを言いだした。どうしたの？ ラードさんに新しい数珠を作ってもらいたいの？

「そういうところですよ！」

って、どういうところ？

「さっき俺がトイレに行っている間、部屋に飾っているフィギュアを勝手に並べかえてましたよね？」

お、気づいてくれました？　フィギュアを並べかえたのはラードさんから素敵なことを教えてもらったからだよ。僕がこの前、ある悩みについて相談したら、「ギンティさんの部屋には銃などの武器を持ったフィギュアがたくさんありますね」って当てたんだよ！　すごくない!?

「……それは、僕も一緒にラードさんと呑んだ時にギンティさんが自分で言ってましたよ。こういうフィギュアを集めているんです、って」

そうだっけ？　で、話を戻すとラードさんは「飛び道具を持ったフィギュアの銃口や、戦車の玩具の大砲を窓の外に向けて置けば、悪いものから守ってくれる」って教えてくれたんだ！　いま、俺の家、鉄壁だよ！　『トランスフォーマー』のメガトロンやM60機関銃を構えたランボーのフィギュアが守ってくれているから！　だから、力夫の部屋の防御も完璧にしようと思って、俺が最強のディスプレイに変えたんだよ！

「勘弁してくださいよ！」

と力夫は立ち上がると、僕が苦心して配置したフィギュアをもとの状態に戻しはじめた……って、おい！　それじゃ無防備アパートになっちゃうよ！

「なるわけないでしょ、はっきり言いますけどギンティさん、この一年ぐらいの間でどんどん変になっていますよ！」

意外だった。というか自分的には活力がみなぎっている日々を過ごせていると思っていただけに……。

「だから！　そういうところです！　ずっと眼がバキバキでテンションが高いうえに気が短くなっているんですよ！」

そうなの……。

「煙草やめてから、日に日に怒りっぽくなっているんですよ……煙草を復活したほうがいいですよ」

でも、煙草をやめたらラードさんとの約束が……。

「そんなの、すぐに破ってください！　それに、その手首は何なんですか、数珠をたくさんつけて！　トウモロコシじゃないですか！」

上手いことを言われてしまった……。六個の数珠を装着した左手首がやけに重く感じる。

「一刻も早く元のギンティさんに戻ったほうがいいですよ！」

元の俺、って、どんなだったっけ……？　目の前の力夫が頭を抱えている。

「何かあるたびに、それはラードさんがこう言ってた、って言わないことですよ！」

でも、お前も関西取材で手首につけていた数珠がちぎれた時、慌てていたじゃない。

「あれはギンティさんをがっかりさせないために大袈裟に驚いたんです！　もうギンティさんにあわせて芝居するのが疲れたんですよ。ギンティさん、ラードさんのこと本当に高名な霊能力者だと思っているんですか⁉」

　まあ、人間的には穴がたくさんあるけど、力は本物じゃないかな……。パワハラ先輩の転倒事故を予言したし。

「まだ、そんなこと言ってるんですか？　あの先輩、前から泥酔しちゃ怪我していたんじゃないですか。それに、高名な霊能者が居酒屋にこっそり鍛高譚や赤ワインを持ち込みます？　霊能者以前に大人がやることじゃないでしょ！」

　今夜のために持参した鍛高譚のボトルがやけに虚しく見えてきた……。

「それをギンティさんは、美味しいですね！　ってヨイショして……。あの日以来、俺らが部屋呑みするときも鍛高譚しか呑ませてくれないのもキツいんですよ！　俺は自分が好きな酒が呑みたいんですよ！」

　たしかに……。

「ギンティさんが、こんな状態だからラードさんに対する違和感を共有できる人がいないんですよ！　だから、正直に言いますけど俺は同世代の友人に、ラードさんとギンティさんのことをいつも愚痴ってるんですよ！」

　そうだったの……。

「やっすい居酒屋やカラオケボックスにボトルを持ち込んで喜んでいるおっさんたちの酒盛りにつきあわされている、って愚痴っているんですよ。聞いたヤツ全員が、ダセえ！　って笑ってますよ」

……。いまの僕って、そんなにダサい？

「ダサいというよりも気持ち悪いです」

俺は一五歳も下の若者に、そんなに迷惑をかけていたのか……このまま膝から崩れ落ちて声が枯れるまで号泣したかった。でも、もう子どもじゃないので必死に堪えた。とは言っても、眼には涙がパンパンに溜まり真っ赤っ赤になっていたはずだ。その後、力夫に静かに諭された僕は力いっぱい詫びた。

「どうです、一本？」

力夫が煙草を差し出した。半年ぶりに吸う煙草はガツンと来たが、格別な味がした。僕らは鍛高譚ではなく黒霧島で朝まで呑み明かした。この日以来、僕は手首に数珠をつけなくなった。いまも煙草は吸っている。

「ラードさんが亡くなっちゃいましたよ！」

それでも、ラードさんは気が合う友達という感じがしたので、連絡は取り合っていた。しかし、会う回数は徐々に減っていった。翌年の二〇一〇年一月、さすがにこれだけ会わないのも、と思い原宿のギャラリーでパワーストーンの販売会をやっているラードさんの陣中見舞いに行った。終了間際だったこともあると思うが、アパートを改造したギャラリーの狭い室内にはラードさんが独り、ぽつんと座っているだけであった。イベント後に飲み屋に入ったが、小一時間ばかり呑んで解散した。

それ以来、その年の『新耳袋殴り込み』の取材撮影や執筆に忙殺されていくことで、二人の都合がつかなくなり、会わなくなっていた。時間が経つにつれ、あの時の自分は力夫が言ったように、気持ち悪かった、素直にそう思えるようになっていた。ただ、ラードさんは、僕に金銭などを一切要求しなかった。気持ち悪くなったのは僕がラードさんに傾倒しすぎたからだ。それでも、この経験によって、「有名人がスピリチュアルな方に洗脳された」というニュースを目にすると、その有名人の気持ちが少しわかるようになった。

その年の夏。編集部で原稿を書いていると、力夫が血相を変えて近づいて来た。急にどうしたの？

「ラードさんが亡くなっちゃいましたよ！」

……。

「このブログを読んでみてください！」

ラードさんのブログに、代理人を名乗る人物が投稿している。ラードさんは階段から転落した老人を助けようとしたが、あやまって頭部から落ちてしまい、病院で数日間、危篤状態が続いた後、この世を去ってしまった……という。

ちょっと、いきなり過ぎないか……。

さすがの力夫も愕然としている。代理人の投稿を読み進めると、葬儀の際に見た亡骸の様子についても記してある。しかし、ラードさんの御遺体が太いパンツをはいているのかは書いていなかった。最後まで理由はわからなかったが、太いパンツに対して異様にこだわりを持っていたラードさんだったから、あの世に召される時もはいていると良いな、とちょっぴり感傷的な気持ちになった。二〇〇八年の秋に出会ったラードさんは、二〇一〇年の夏に亡くなった。ちょっと長い通り雨のような人だった。ラードさんと別れて以来、霊能者の知り合いはいない。

それから一週間ぐらい経っただろうか。相変わらず編集部で締切りに追われていると、僕の携帯に知らない電話番号からの着信が来た。誰だろ？　まだ登録していない出版関係の方かな。

もしもし？

「俺だよ、俺！」

妙にテンションが高い男性の声が聴こえてきたがわからない……どなたですか？

「ラードだよ！　ラード！」

え……だって、ラードさんはもう亡くなっ……と言い淀んでいると、電話の相手はさらにテンションをあげてこういった。

「いやいや！　生きてる生きてる！　俺、生きてるから！」

ふざけた野郎だ。思わず電話を切ってしまった。その後、ラードさんを名乗る男性から電話がかかってくることはなかった。

しかし、いまだに不思議に思うことがある。ラードさんの死の数日後、彼のブログに代理人が

「ラード先生が残した言葉を伝えます」と新たな投稿をした。原稿はポエムのようになっていた。その内容を要約するとこう書かれていた。

「いまから三年以内に大震災が起きる」

二〇二四年、ラードさんと出会ったころは三〇代半ばだった僕は五三歳になった。最近、旧友と久々に呑んでいたら、こんなことを言われた。

「そういえば去年ぐらいにXを見たとき、変な霊能者みたいなやつが小林のことボロクソ書いいたぞ」

どういうこと？

「小林はあらゆる心霊スポットで不敬を働いたから、運気は下がって出涸らしのような状態になっている、みたいな感じ。とにかく小林は人間としてもう終わっている、ってお前に対する怒りを書きまくっていたから、笑っちゃったよ！」

笑えねえよ。ほかにも何か書いていた？

「書いてた！　人として終わったはずの小林が去年、『ばちあたり怪談』を出版したじゃん。その霊能者的には気に喰わないみたいで、読む気がしないが古本屋で一〇円か一円になったら買ってやる、とか書いていたなあ。だけど、その霊能者、ほかにも過激な書き込みをしていたみたいで、アカウントを凍結されちゃったんだよ」

じゃ、もう見れないのか。どんな人物か知りたかったな。

「そいつの名前をおぼえてるよ！　どう見ても日本人のくせに外人みたいな名前だからおぼえちゃったんだよね。えっとね……ナード？　じゃなくてラード！　エスポワール・ラードだ！」

あれれ……もしかしてラードさん、まだ御存命でいらっしゃいます？　それなら久々に鍛高譚でやります？

＜対談＞

日本一飄々とした冒険作家

高野秀行と

日本一陽気なホラー作家

平山夢明が

「恐怖」を感じるとき

「おそらく、俺が賞を取ったこと誰も気づいていないと思うんですよ」

平山：「植村直己冒険賞」の受賞、おめでとうございます。でもさ、植村直己を知らない世代が多いっていうからびっくりしてさ。そんなことある？　俺ら、西田敏行さんがやった映画の『植村直己物語』とか観たじゃん。あの頃、高倉健さんの『南極物語』とかいろいろあったでしょ。

高野：それは大昔なんですよ。

平山：ええ⁉

高野：古いんですよ。

平山：なんでよ。ほんとかい！

高野：マジですよ。だって、早稲田探検部のOB会で受賞が話題になって、受賞のお祝いとか絶対あるだろうと思ったら、何もない。おそらく、誰も気づいていないんだと思うんですよ。

平山：今も探検部は活動してるんでしょ？

高野：OB会は隔月でやっていて、OBが誰か番組をつくったり、本を出したりするとメーリングリストでお知らせが流れてくるわけですよ。なのに俺のはぜんぜん出てこない。

平山：だって探検部にとっては「あの高野が賞を取った！」って名誉なことだし、快挙じゃん。

高野：だから、気づいていないんですよ！

平山：それはちょっとおかしいな。

高野：いや、そんなもんなんですよ。
平山：でもさ、賞を取った高野ちゃんですらそんな状況だったら、もう後継者がいなくなっちゃうよ。
高野：だから、もうすごく少ないわけですよ。年齢的に上にきている人間がこの程度だから。
平山：絶対ダメだよ。由々しき問題だよ。政府が助成とかしてくれないの？　なんとかしてほしいよな？
高野：平山さんの口から政府って……（笑）
平山：だって、そういうときの政府だろ？　違うの？
高野：平山さん、政府っていうものの認識がおかしいんじゃないですか？
平山：なんでよ。そういうときの政府じゃないの？　でもさ、早稲田探検部のＯＢっていったら、そこそこの企業に勤めている人もいるでしょ？
高野：うん。
平山：そうだよな。「俺は探検部でよ」って、そういう人は、若いときブイブイ言わせたんでしょ。サラリーマンの飲み会とかでもさ。
高野：そうそう。
平山：だったら、受賞パーティとか祝勝会はやらないとだよね。
高野：だから、気づいていないんですって。
平山：隣で火事が起きているのに、ぐーすか寝ている人と同じだよ。

高野：そう言われると、怖い話ですよね（笑）

ノンフィクションの大変さ

平山：高野ちゃんの作品はさ、座って書けるもんじゃないでしょう。体使って、しかも時間も銭もかかってるからね。

高野：ノンフィクションってやっぱり、大変ですよ。一度だけ自伝的な内容の小説を書いたことがあるんですけど、すげぇー楽だった。校正とかもほとんどチェック入ってこないし、小説だから町の名前とか固有名詞なんかもテキトー。でも、ノンフィクションはそうはいかない。全部チェックしなくちゃいけないから。

平山：そうだよね。

高野：初校ゲラを直すって、膨大な時間がかかるじゃないですか。

平山：この間の『イラク水滸伝』を例に挙げると、どれくらいかかるの？

高野：いや〜もう、どうやって計算したらいいかわからないくらいかかりますよ。

まず初稿書いて、物語として成立させなきゃいけないから、物語の構成や流れをつくるでしょ。この段階では、けっこう当てて書いているんですよ。うろ覚えの知識とか、「たしかあの米軍が来て内戦がはじまったのがこの辺で」とか適当に書くんです。そのあとで、資料を見て調べるんだけども「どこの資料を引っ張ってくればいいのか」とか、思い出せなかったりするんですよ。

平山：そうなんだよね。あれ、資料によって情報が違ったり、時間が経つと資料の情報が変わったりとかさ。１９７０年代と80年代で違ったりとか。違うんだよね。

高野：そうそう。解釈も違いますから。

平山：でも、「それは、俺のせいじゃないし」と思うこともあるよね。俺、人殺しの変な話をいっぱい書いたりしていたときがあったじゃん？　やっぱり、情報がどんどん変わってくるのよ。当時は機密扱いだった情報が解除されて公けになったら、ぜんぜん違う内容だったとかさ。でもさ、それを「俺は知らねえよ」っていうわけにもいかないよね。

高野：そういうのを片っ端から調べていくと、とんでもない時間がかかるわけですよ。時間だけじゃなくて、いろいろと……。

「守ってくれる人間と拉致する人間って、ほとんど同じなんですよ」

平山：『イラク水滸伝』だとどのくらい銭がかかったわけ？

高野：金はね、意外とかかっていないんですよ。辺境ってあまり金かからないので。

平山：ほんとかい⁉

高野：そうなんです。本当に金がかかったのはソマリア。あそこは兵隊を雇ったので。兵隊と車を手配すると、メチャクチャ金がかかるんですよ。

平山：どのくらいかかるの？

高野：１日で５万円。当時で５００ドルくらい。１日ですよ!?　すごいかかるわけです。
平山：兵隊は何人ぐらい雇うの？
高野：兵隊は４人で車は２台。別にしないといけないから２台必要なんです。ソマリアで兵隊を雇うと１日５００ドルくらいかかるけど、そうしないとあっという間に拉致されるから。
平山：怖っ！　でもさ、５万でいいの？　兵隊の食事とかも込みで？
高野：「食事」「宿」「護衛」とかいろいろ明細があって、だいたい総額が５万円。
平山：現地でいえば、けっこう高い金額なんだよね。
高野：はい。車代が高いですね。兵隊代って、実はそんなに高くないんですよ。
平山：そうなんだ。ソマリアはさ、やっぱり危ないんでしょ？
高野：むちゃくちゃ危ないです。ソマリアは本当にハンパじゃない。
平山：今も外務省では渡航禁止みたいなレベル？　「ソマリアは行ってはだめ」ってなっているの？
高野：なってますよ。
平山：そうすると行くのはジャーナリストとか取材関係の人とか、あとは商社とか？
高野：行かない、行かない。取材に行く人もいないし。
平山：高野ちゃんくらいなんだ。
高野：当時はそうでしたね。今も調査や取材で行く人は誰もいないですね。アクセプトインターナショナルという人道支援ＮＧＯをやってる永井陽右さんという人ぐらいです。そんな状態が１９９１年ぐらいから続いていて、もう30年じゃないですか。

でも、それだけブランクが空いちゃうと、研究とか取材の伝統みたいなものも途絶えちゃって、なおさら誰も行かなくなっちゃうんですよね。

平山：より危険な状況だよね。要は誰でもいいってわけじゃない。現地で信用されているとか、コネクションがあるような人間じゃないと危ないよね。

高野：そうそう。

平山：だってさ、雇った兵隊が突然山賊に変わって襲いかかってくるっていう可能性とかもあるわけでしょ？

高野：まあ、そうですね。だから、兵隊は人を介して雇うんですけど、ある意味で拉致されるのも、兵隊やボディーガードを雇うのも同じ、前払いか後払いかぐらいの違いしかないんじゃないかと思うんですよね。

平山：後払いだったら最後まで無事に返さないとお金もらえないからね。

高野：だって１日５万円かかるわけですからね。短期だったらいいですけれど、１００日で５００万ですよ。もう、身代金みたいなもんじゃないですか。

平山：なるほどね。

高野：要するに守ってくれる人間と拉致する人間って、ほとんど同じなんですよ。

平山：なんでよ。おかしいじゃない。

高野：だから、結局のところ、どっちが雇っているかという話なんですよ。

平山：ほんとかい！

高野：要するに「金を出す人間がいちばん偉い」という大原則があって、それに従って兵隊は動く。だから「あいつらをさらってこい」と言われれば、「ウッス！」とさらってくる。「あいつらを守れ」と言われれば、「ウッス！」と守る。それだけの違いでしかないんですよ。
平山：すごいね。シンプルだよ。
高野：そうそう。海賊とかもそうで、結局はシステムとしては網元と同じなんですよ。要するに、網元がいて、拉致も海賊もボディーガードをつけるのも、皆、網元がお金を出すと言って、そこに銃を持っている奴らが集まってきて、雇われてという感じなんですよ。
平山：なるほどね。高野ちゃん、『クレイジージャーニー』とか出て兵隊さんを雇ったりするじゃない。あれは、兵隊屋みたいなのがいるの？
高野：兵隊屋じゃないですね。
平山：電話かけて「すみません、兵隊5人貸してください」とか。
高野：一応、警察に言うですけどね……。
平山：そうなんだ。警察にね。
高野：でも、警察とか軍とかっていっても、公のものではないんですよ。
平山：え？　どういうことかな？　警察なのに？
高野：要するに、向こうは氏族社会。部族とよく言われているものですね。僕は氏族と呼んでいるんですけど、大きなファミリーみたいなもんですね。つまり、「平山一族」とか「高野一族」とかみんながどれかの氏族に属して、忠誠を誓っているわけです。警察というのは、各氏族から割り当てを出しているだけなんです。

「うちからも20人出すから、平山さんのところも20人出して」と言っているだけ。だから、平山家と高野家の間で何かいざこざが起きると、警察もドンパチに参加するか、黙って見てるかのどっちかしかない。

平山：それ、『ゴッドファーザー』のコルレオーネ家とバルジーニ家のドンパチと一緒なんじゃない？

高野：そうそう。だから、警察とか軍隊っていっても、公共のものじゃないわけです。

平山：高野ちゃんってそういうところに行っても、変な緊張感はないのね？ 俺らなんかが行くとさ、「こいつはいつ裏切るんだろう」とかってドキドキするじゃん。そういうのは、あなたはないんでしょ？

高野：「まあ、しょうがないかな」みたいな感じですよね。

「相手が悪い奴かは一瞬でわかります」

平山：今までにないの？ 「こいつやるんじゃね？」みたいな場面とかは。

高野：やばい奴は、最初からやばいですから。

平山：それは外見でわかるの？

高野：はい。わかりますよ。

平山：どこでわかるの？　目？　態度？

高野：見た目と態度の両方です。ちょっとしゃべるとすぐわかる。

平山：そういうのあるよね。ピンとくるんでしょ？

高野：そうそう。

平山：それは、相手が笑っているとか、怒っているとかじゃないんだよね。

高野：そうじゃなくて。しゃべり方とか雰囲気とか。

いちばん嫌だったのはケニア。ソマリ人の難民キャンプが国境付近にあったんです。そこは危ないと言われていたけれども、ちょっと行ってみたいと思っていて。

僕の知り合いのソマリ人の家族が難民キャンプにいるというから、そこに行こうとしたら、「やっぱりこないでくれ」と言われたんです。要するに、外国人が行くと目立つし、キャンプの中にもイスラム過激派がいるから、危険だと。

平山：目をつけられちゃうしね。

高野：そうそう。「外国人と接触があるというだけで危険だからこないでくれ」と。でも、行ってみたいと思ったので人を探したら、信頼できる人が見つかったんですね。そして、車まで手配したんですけど、その人が「どうしても抜けられない仕事が入っちゃった」と言っていなくなっちゃって。

平山：キャンプでいなくなっちゃったんじゃなくて？

高野：いえ、行く前のナイロビで。それでガイドをしてくれる人間が必要ということでまず一人紹介してもらったんですけど、その人はね……悪い人じゃないけれども、ちょっと弱そうな人で。

平山：弱そうってどういうこと？

高野：なんかあったら、俺を置いて逃げそうな感じ。

平山：なるほどね。俺が責任を持つよというよりも、自分の命を優先する奴ね。

高野：そうそう。もう一人は悪そうな奴。それで、「どっちを選ぶかな」となって。

平山：かっこいいね！　なんだよ、その選択！

高野：いい人だけど逃げそうな奴と、絶対悪人だけど強そうな奴。やっぱり、悪いほうかなと思って、悪いほうを選択したんですよ。

平山：お金は一緒なのね？

高野：お金は一緒。そうしたら案の定、悪い奴だったんだけど。

平山：悪い奴とソマリアのキャンプに入ったの？

高野：途中で軍や警察の検問があって、そこで金を要求されたり、いろいろあるわけですよ。でも、そいつはならず者だから、そういうのをうまくやり過ごすことができるんですよね。

平山：やっぱり、そういう危険な場所って、悪い奴が頼りになることもあるんだよね。

高野：そうなんです。慣れてるんですよね。

キャンプに入って、知り合いに紹介された家族のところに行ったんです。そして、その悪い奴が、いきなり現地の人たちと僕との通訳兼コーディネーター役をやるわけですけれど、「彼らが1日これくらいの金を欲しいと言っている」ということで、彼を通して払ったら、半分ぐらいネコババしてんですよ！

平山：ひどいな。悪い落語家でそういう奴がいたような。「映画を撮らせてくれ」って、お金を払ったら「あっしが全員に配りますから」と言って、全部ゴックンしちゃった奴がいたけどね。

高野：同じですよ。でも、本当に笑っちゃうのは、そういうのはもっとあとでやればいいのに、初日にやるんですよ。

平山：それはまずいよね。場が荒れるからさ。やりづらいじゃん。

高野：だって、ギャラも払うって言っているんだから、もっともらってからあとでやればいいのに、なんで初日からやるのかな。やっぱり、悪いうえにバカなんですよね。

平山：でもさ、そいつはガタイも相当いいんでしょ？

高野：ガタイは別にそんなでも。武器社会だから、体の大きさはあまり関係ないんです。

平山：高野ちゃんは、そいつの悪さをどこから感じ取ったの？

高野：いや、目つきとかしゃべり方とかですよ。

平山：例えばそいつが山手線にいて、「こいつは悪い奴だな」と、俺らもわかるくらい悪いの？

高野：山手線に乗ってたら……どうだろう。まあ、しゃべり方かな？　俺はそういうの、すごくよくわかるんですよ。

「難民からピンハネするなんて、最低な奴だよ！」

平山：俺、昔からね、高野ちゃんが「この人は天才だな」と思っているのは耳の良さなんだだよね。人の言語がちゃーんと、よく聞こえてる人なんじゃないかと、俺はずっと思っていたんだよ。

高野：言語？

平山：俺らって、外国の言葉は鳥のさえずりのようにしか聞こえなかったりするけど、それを覚えて真似する能力があるんじゃないかなと思うんですよ。だって、高野ちゃん、タイの大学とかで教えていたことがあるんでしょ？

高野：それは日本語で教えていただけだですよ。

平山：そうだけど、普通はできないからね。だから、悪いか、悪くないかというのも、今、「話し方ですよ」って言ったじゃん。

高野：顔つきとか話し方とかですね。「ハーイ！」って言って、「はじめまして」みたいなことをひと言かふた言交わすと、もう能力と性格というのはだいたいわかる。

平山：たいしたもんだ。それは、金を取れる力だね。

高野：金は取れないんだけれども、自分の身を守るには役立ちますよ。

平山：結果、さっきの弱っちい人よりは良かったんだね。

高野：それはそうだと思う。

平山：キャンプに行って、そういうこともやって、ピンハネするのも見てさ、無事に済んだの？

高野：途中で、家の人が「お金をもらっていない」と僕に言ってくるわけですよ。

平山：そんなひどいことを！

高野：そうそう。しかも初日。着いて2時間も経っていないのに。

平山：難民からピンハネするなんて、最低な奴だよ！

高野：家の人もちょっと英語が話せて、僕もソマリ語がちょっと話せて意思疎通ができるから、こいつはもういらないと思って、「帰れ」って言ったら、激怒したんです。「お前、ナイロビに帰ったら覚悟しておけ」と脅されて。

平山：向こうも啖呵を切るんだ。その場は帰ったの？

高野：追い返しました。家の人が僕の味方になってくれたんです。

家の人間も、仲介に入る奴がいないほうがお金は全部もらえるじゃないですか。だから、お互いの利害が一致して。

平山：家主と借主で不動産屋はいらないみたいな。

高野：そうそう。

平山：でもさ、キャンプの中に入って、危険は危険だったの？　そうでもなかった？　やっぱり、家族の人たちがいるから大丈夫だったの？

高野：いや、でも、そこはちょっと怖いことがあったので、すごい緊迫しましたね。

キャンプっていっても、テントが張ってあるとかじゃなくて。巨大な村みたいな感じなんです。

普通に家があって。

平山：そうなの？

高野：テントが張ってあるというのは、きたばかりの人たちで。そこにいる人たちの多くは10年、20年といるんです。
平山：一応、町みたいな感じになっているわけね。
高野：そうです。そこで飯をもらって食べて、日中は出かけて、ほかの難民の人たちに話を聞いて、「どういう経緯でここにきた？」「いつきた？」とか聞くわけです。
でもそうしているうちに、その家に不穏な空気が漂ってきて……。

逆上して暴れまくる桃井かおり

平山：それは何日目のこと？　初日はクビにしたじゃない？
高野：そうそう。
平山：2日目は、家主と借主の関係になって良かったじゃない。
高野：これは本に書いた話なんですけど、ちょっと英語ができてこっちのソマリ語もわかってくれる女性がいたんですよ。その家の若奥さん。桃井かおりみたいな人ですごい美人。さばけている人でちゃちゃちゃっと仕切って、取材もうまいわけです。
平山：なかなかできる人。
高野：できる人ってすごく貴重なんですよ。ソマリ人って取材もすっごい荒っぽくて、普通に話を聞こうとすると、「お前、何しにきてるんだ」「金を払え」とかぜんぜん関係のない奴がどんどん集まってきて、代わりに答えたりするんで、収拾がつかない。

だから、ちゃんと話してくれそうな人を見つけると、いきなり捕まえて「ちょっときて！」と言って、車の中に引きずり込んで拉致しちゃう。

平山：え、拉致取材？

高野：そうです。ほかの連中がいるから、まともそうな人を拉致して、「ちょっと、静かなところで話を」「なになに⁉」という感じです。

気の良さそうなおじいさんとかを車の中に引きずり込んで拉致して、ほかの連中が車をバンバン叩いて、「うおお！」とかって言っているなかを、車で蹴散らして駆け抜ける感じですが。

平山：怖っ！　それ、取材っていうのかね。『ウォーキング・デッド』じゃない！

高野：そうです。この取材の手法がいいのかとは思うんだけど、別に向こうはいいみたいなんです。だから、ちょっと静かなところに行って、車の中で話を聞くと、ちゃんと話が聞けるというね。

平山：それで、取材が終わるとまた戻す？

高野：そうそう。まさに拉致取材ですよ。

平山：すごいね！　拉致取材をしました！　そうすると、次は？

高野：帰ってきて、3日目くらいかな。

平山：割と早いね。

高野：早いんですよ。ソマリ世界では展開がすごく早い。そこの家のおじいさん、まぁ長老みたいな人がいるんですけど、その長老が足にすごい傷を負って、足を引きずって歩いているんですよ。その傷も矢が刺さったような、よくわからない傷なんです。

平山：えぐれたような。

高野：そう。血が出た痕があるような。

それで夕飯の時間になっても飯が出てこない。すると、母屋のほうで何かヒソヒソと話し合いをしているんです。

平山：そのときは、高野ちゃんと、あと誰がいるの？

高野：俺と長老だけですよ。

平山：足にものすごい怪我をしたじいさんがいて、母屋のほうからヒソヒソと何か話しているって、それ絶対ヤバい状況だよね、「黒塚」じゃん！

高野：いろいろと嫌な思いが頭を過るわけですよ。だって、ここで俺が抹殺されても誰も知らないわけでしょ。気づかないし。村をちょっと離れると、ただの砂漠。背後から頭を石でガンっとやられて、穴を掘って捨てられたら、まったくわからない。俺がここにきているということも、誰一人知らないわけだから。

平山：もちろん、キャンプの中には、警察なんかないわけだもんね？

高野：いるにはいるけれども、ほとんど機能していないわけですよ。しかも、周りは俺がある程度金を持っているということも知っている。そして、難民の人たちはお金がない……。

平山：そうだよ。ＰａｙＰａｙじゃなくて、現ナマを持ってるわけだからね。

高野：そう。もう完全に「これは、まずい……」という状況なわけです。

そのあと、飯が出てきたんですけど、若奥さんとかその旦那とかは出てこない。

平山：気のいい桃井かおりがこない。

高野：桃井かおりはいない。足にすごい傷を負ったじいさんともう俺でぼそぼそと飯を食っている状況です。

平山：トークは咲いているの？　咲かないの？

高野：何もないです。どうしようと思ったんですよ。そしたら、「うわぁ！」っていう声が聞こえて、「ドン！」とトタン屋根にぶつかる音が聞こえてきたんです。

「なんだ⁉」と思ったら、桃井かおりが石を持って旦那を殴ろうとしていて。

平山：え？　話が飛びすぎててわからないです。

高野：それを周りの人間が、桃井かおりを回りの人間が止めてるんですけど、桃井かおりは暴れまくっているんです。いったい、何が起きているのか、まったくわからない。

そこから、英語がちょっと話せる奴がきて、彼に聞いたら桃井かおりの旦那がナイロビと行き来する商売を始めたんだけど、女をつくっている、と。

平山：やっぱり古今東西ね、アフリカだろうが日本だろうが、一緒だね。

高野：桃井かおりがそれに気づいて、「ふざけんじゃない」と。石を持って背後から……でも、標的が俺じゃなかったんだけど。

平山：よかったよね。それでその石って本物の石？

高野：本物のレンガみたいな石ですよ。

平山：危ない、危ない！

高野：映画とかでよくあるような、背後から凶器の石で殴りかかるシーンそのまんまでしたよ。

平山：やばっ。ほんとかい！

高野：そのあとも大騒ぎになって。旦那が持っていたケニアの身分証明書を燃やすと桃井かおりが言い出して。身分証明書ってものすごく大事なもので、なかなか手に入らない。

平山：それを桃井かおりが燃やすと。

高野：そう。皆が大慌てになって。

平山：身分証明書はやめろと。

高野：旦那の弟が「男がいるというのがバレた。そういうふうになって、そうなっているんだ」と説明してくれて「そうか」と。「じゃあ、すごい傷のおじいちゃんはなんだ」と聞いたら、「あれはサソリだ。サソリがいるんだよ。でも、サソリを除けば、ここはいいところだ」と。

平山：サソリにやられたら、そんなえげつない傷になるの？

高野：ボコッとね。穴が開いて膨れ上がっているみたいな。

平山：神経毒みたいなもので、周りの組織自体も壊死しちゃったりするのかしら。ハブってそうだもんね。

高野：ああ。でも、死ぬほどじゃないみたいなんですよ。

矢が当たって抜いたあとみたいな感じがして。だから、もう、すごい不穏なんだけれど、

「あれ、サソリだから大丈夫。ここはけっこう暮らしやすいよ」みたいな。

平山：俺、よく言われたよ。そういうところに行ったら、朝トイレに行くとき、靴をトントンとやらないと、中に入っていることがあるって。

高野：靴は履かないほうがいいんですよ。

平山：でも、それは良かったね。高野ちゃんが原因じゃなかったんだもんね。

高野：そうそう。

平山：旦那が女をつくった話で血生臭くなって。それが３日目じゃん？　何日いたの？

高野：３泊４日。その次の日に帰りました。

平山：良かったね。

高野：うん。

平山：あまり長居するもんじゃないね。

高野：そうですね。その旦那の車に乗って帰ったんですけど、途中にケニア軍の兵士がいる場所があって止められたんです。

「外国人？　ジャーナリスト？　お前、一人か？　え？　一人で外国人が入るなんて危険だからやめろ」みたいなこと言われたんですけど、「いや〜、危険も何も、俺もう入ってきて、今から帰るところだ」みたいなやりとりをして。

平山：すごいね。

高野：「そんな奴、見たことない」って言われましたよ。

平山：じゃあ、そのときは、そのキャンプで、ほかのジャーナリストはいなかったんだ？　取材にくる外国人は？

高野：いない、いない。それに外国人がくるときって、ちゃんと自分たちの車を用意して、自分の助手がいてという感じでチームを組んでくるわけですよ。

平山：高野ちゃんみたいに、フラっと一人でスナフキンのようにくる奴はいないよ。

高野：いないですね。

大事な取材中に起きった「便秘事件」

平山：たいしたもんだよ。だからさ、それでも大丈夫なのはなぜなの？　やっぱり勘か。弱っちい奴よりも悪い奴とか見分けられる勘があるから、大丈夫なの？

高野：あと、カートかな。

平山：大好きなやつじゃん。あっちにもあるの？

高野：あの辺はあるんですよ。

平山：葉っぱみたいな、枝みたいなやつだよね？

高野：葉っぱですね。あれをやっていると、気が大きくなるんですよ。

平山：みんなもやっているの？

高野：まあ、多くの人がやっていますね。

平山：じゃあ、桃井かおりもやっている可能性はあるのかな？

高野：ああ……女の人はあまりやらない。

平山：だいたいは男なのね。あれを食べて、ぐちゃぐちゃしてしゃべって、お茶飲んでみたいな。

高野：そうそう。酒みたいだけれども、酒だとうだうだになるけど、ならないわけですよ。

平山：抜けはいいの？

高野：抜けはですね……抜けるときには、ちょっと神経質になるんです。

平山：神経質になるの？

高野：そうです。風がピュッと吹いたり、ざわっと吹いたり、ドアが風でバタンと閉まったりすると「ピクッ！」となったりするんですよ。

平山：なんでよ。もっと神経がダウンするような感じゃないの？

高野：いや、高ぶるほうなんですよ。高ぶりがだんだん強くなってきて、リラックスの部分が減ってくる。だから、ピリピリしてくる。

平山：俺、高ぶって疲れて、ドンといくのかなと思った。そんなことでもないのね？

高野：すごいネガティブになるんですよ。「皆、俺のことを狙っている」みたいな被害妄想を抱いたりとか。

平山：よくないね。

高野：ソマリ人に聞いても、「カートっていうのはそういうもんだ」と。

平山：それが半日くらいすると抜けて。

高野：そうです。
平山：でも、抜けるのが嫌だから、「また食っちゃうか」ということになるよね？
高野：そうそう。
平山：俺なんかはそういうタイプかも。嫌だから。
高野：うん。俺もそうしてますね。
平山：また、みんなニコニコしだしてさ。
高野：朝、起きても、二日酔いみたいなピリピリ感が残っていることが多いんですよ。そうすると、昨日の残りのシワシワになって干からびた葉っぱを食べると、ちょっと元気になるんです。
平山：あれは葉っぱ自体は捨てるの？　吐き出すの？
高野：イエメンでは吐き出すんだけど、ほかのところは食べてますね。いろいろ食べ方があるんですよ。
平山：消化にいいのかしら？
高野：消化に良くないです。食物繊維の塊みたいなもので、便秘になるんですよ。
平山：下痢じゃなくて？
高野：便秘。俺なんか下痢しやすいから、割と下痢しなくていいんだけれど、ものすごい便秘になります。ソマリ人も「とにかく水を飲め」とよく言って、チェイサーで水をたくさん飲まないといけないんですけど、追いつかなくて。よく便秘になって、すっごい苦しみました。
いちばん嫌だったのはソマリアの首都でモガディシュというところに行ったんですけど、まぁ危険なわけですよ。そこからソマリアの南部に行くことになったんですけど、移動距離としては東京から千葉の松戸に行くような感じなんですが、移動が制限されていて、モガディショから出れなかったんです。あまりにも危険だからという理由で。だけど「政府軍と一緒なら」という条件付きで移動が認められて、現地のジャーナリストと同行したんです。

でもその辺りって、過激派のアル・シャバーブという連中が出没しているエリアで、危険なわけです。いつそういう連中が出没するかわからないし、すごく緊迫している状況なんだけれど、そこで便秘になっちゃって……。

平山：タイミングいいじゃないの！　高野ちゃん、持ってるよね！

高野：ゆっくりウンコしている場合じゃないんですよ。

平山：したくなったらすぐ出しておかないと。

高野：出そうで出ないみたいな状態が続いて、「うーん」ってなっているわけですよ。

平山：お腹が張っているみたいな感じなの？

高野：そうそう。昔の宿の跡みたいなところに寝泊りするんですけど、そのときも一緒に兵隊が同じ部屋に寝るわけです。だけど、僕が世話になっていた信頼できる地元のジャーナリストがいて、彼が言うには「ほかの兵隊はどこの連中かわからないから信用するな。一緒に行こうと言われても絶対についていっちゃいけない」と。だから、トイレに行くときも必ず彼を起こしてトイレに行くんです。

平山：それは、下手すれば、殺されちゃうってことでしょ？

高野：まぁ、殺されるか拉致されるかですよね。だから、「俺以外は信用するな」「トイレに行くときも起こせ」と言うんですけど……寝ているじゃないですか。

平山：悪い気がするよね。

高野：しかも、出そうで出ないから、行ったり来たりで、いちいち起こせないわけですよ。

平山：「ちっ、お前またかよ」ってなるよね、いい加減。

高野：朝になって、やっと出そうな感じなんですけど、出ない。もう出発の準備をしていて。みんな一斉に動かないと狙われるから出なきゃいけないんだけど、「俺はまだ出ない」みたいな状況ですよ。

平山：「高野、行くぞ。お前、何やってんだ」っていう状況でしょう。なかなかの修羅場だよね。

高野：すごい大騒ぎして探しているんですよ。でも、ここで出さなかったらもう……だから、ヘロイン中毒の人がやる方法なんですけど、爪で掻き出して……。

平山：摘便ってやつだね！

高野：そうそう。ガリガリ掻いて、少しずつ出して。

平山：いや、それは大変だ。カチンカチンでしょう。

高野：そうそう。

平山：水分も抜けて。

高野：血も出てきて。

平山：あらあら。

高野：でも、最後、やっと出たんですよ。そのときに、ちょうど小さい窓から朝日がぴゃーっと入ってきて、イエスが立っているみたいな。

平山：イエス降臨！　すごいね！　そういうのはなんだろうね、奇跡じゃないけど、すごいね。なんだろう。連続殺人鬼のヘンリー・ルーカスも牢獄に日が差したときにそれが十字架に見えたみたいなこと言ってたけど、神々しいね。

高野：あのとき、いちばん神に、宗教に近づいた瞬間ですよ。

「あなた、ゴリラ食べていたときがあったよね？」

平山：あと、高野ちゃんが出た『クレイジージャーニー』を観ていると、向こうの人のご飯を食べるよね。あれってさ、けっこう大変だよね。たまに、牛の血を飲んでいる人とかいるじゃん。「えっ？」って思うよね。嫌いなものないんでしょ？

高野：ないですね。

平山：だいたい食べちゃう？

高野：だいたい大丈夫です。

平山：あなた、ゴリラを食べていたときがあったよね？

高野：そうそう。あれで好き嫌いなくなったから。

平山：俺、あれ、びっくりしたよ。ボートのところに着ぐるみみたいなものが落ちているなと。

あれはゴリラなんでしょ？

高野：そうそう。

平山：あのゴリラってどうやって倒したの？　罠か何か？

高野：いや。あれは、一緒に行った生物学者のドクターが銃で撃ち殺しちゃった。

平山：あれは、どうやって食べたの？

高野：ぶつ切り。

平山：シチューみたいな？

高野：そうそう。もう煮るしかないんですよ。火が通らないからだいたい煮るんです。

平山：あれ、どんな味？

高野：硬い。

平山：味は悪くないような気もするのよ。なんでかって言ったら、人間はほとんど穀物か草食動物、豚とか牛しか食べないじゃない？

高野：うん。

平山：ゴリラも草食でしょ？

高野：草食なんだけれども、筋肉がすごいから硬いわけですよ。

平山：え？　バナナしか食わないのになんで？　だから酵素なんだろうね。分解酵素。

高野：とにかくゴリラは硬い。サルはよく食べていたんだけれど。サルはサル臭いだけで。

平山：え？　サル臭いってどういうこと？　聞き捨てならない日本語なんだけど。

高野：臭そうな感じです。
平山：お尻の匂いみたいな感じ？
高野：なんか獣のような。
平山：濡れた毛皮みたいな。
高野：なのかなと思ったら、やっぱりサル臭かった。
平山：それがあるのね、肉にも。
高野：そう。みんな最初は「うっ……」っとくるんだけれども、3回くらい食べると気にならなくなって。
平山：慣れてくるのね。
高野：あとは、肉自体は鶏肉っぽい。だから、食べやすいです。
平山：でも、ゴリラは硬いと。
高野：硬いですね。コンゴの人たちって肉が柔らかくなるまでじっくり煮込むとかしないんですよ。すごく強靭な歯を持っているから、「ちょっと火が通ればＯＫ！」みたいな感じで、ガリガリ食うわけですよ
平山：でもさ、ちょっと後ろめたい感じはないの？　顔がすごく人間っぽいじゃん？
高野：今、思えば……そう思うけれど、現場にいるとそんなことは思わないです。
だって、もうサルの時点で人間の赤ん坊そっくりですよ。
平山：ほんとかい！

高野：うん。まず、毛を焼くでしょ。大きさ的にもう……。

平山：あらあら……。

高野：一度そういうふうに書いたら、編集者から「これだけは勘弁してください」って。

平山：なんでよ。いいじゃん。「個人の意見です」って書けばいいんじゃないの？

高野：女性編集者だったので、「すみません。これだけは私が耐えられません」って言われて、「わかりました」って。

「みんなゲラゲラ笑いながら、ヘビを切り刻んでいるんですよ」

平山：動物に襲われかけたことはないのね？

高野：ないですね。動物はなかなか襲ってこないですね。

平山：集団で行くからだね。向こうのほうが先に察知しちゃうんでしょ？

高野：そうそう。別に人間を襲っても利益にならないし。やっぱり、人間は危険だとわかっているので。だから、怖いのはヘビとかワニ。

平山：あと変な毒虫とかいるんでしょ？

高野：虫はそこらじゅうにいますね。

平山：どうするの？　毒虫にやられたことはないの？

高野：よくありますよ。

平山：あとでくるやつと、刺された瞬間にわかるやつと、あるんでしょ？
高野：ツェツェバエとか刺しますし。
平山：怖っ！
高野：それから、よくわからないけど、刺されたあとに、そこから膿が溜まっているという、きっと、ハエかアブなんですよね。コンゴに行ったときも、みんなそれにやられていたから。みんな手足から膿だらだら垂らして暮らしていて。
平山：それ、無事なの？　膿集団みたいな。それは、当然、長袖で行っているんでしょ？
高野：いや、今から考えると長袖長ズボンで行くべきだと思うんだけど。
平山：半袖？
高野：暑いから。
平山：暑いからって、高野さん……。
高野：衛生とかそういうことって、日本とかにいると考えられるんですけど、現地に行くと、だんだんそういうことを考えられなくなってくるんですよ。飲み水も簡単に手に入らない。本当はいちいち煮沸しなきゃいけないけれども、間に合わない。
平山：暑いしね。どうするの？
高野：泥沼の水とかもすくって飲んじゃうんですよ。
「今、とにかく、猛烈に喉が渇いている！」「今、飲みたい！」と思って飲むから、そのあとでどうなるかとか、もういちいち考えられなくなる。

平山：面倒くさくなるの？

高野：そうそう。

平山：要は、体の欲求を優先させるわけね。

高野：そうそう。暑いから、長袖長ズボンなんて着ていられないんです。一応ね、行く前は考えたりしたけど、行くと面倒くさくてやっていられなくて。テントの中にも寝なくて外で寝るんですよ。そうすると、もう、ブラックマンバとかいる。

平山：え、怖っ！　死んじゃうじゃん！

高野：一度、ブラックマンバが出て、そのときはコンゴ人メンバーもものすごく大騒ぎして、狂ったように、鉈でぶった切ってましたね。

平山：やっぱり、殺すんだよね。逃がしちゃ、またくるかもしれないから。

高野：やっぱり、毒ヘビは怖くて……2回見たことがあって。ガボンの村でも見たことがあるんですけど、そのときも村中がパニックになってましたね。それが1匹出てきて、家の中を出入りしているんですよ。

平山：大きさはどのくらいなの？

高野：1メートルちょい。

平山：あ、そうでもないのね。でも、それは、相当毒性が強いんだ？

高野：そうそう。噛まれたらアウト。血清なんかもちろんないし。

平山：お医者まで行く前に死んじゃうみたいな。

高野：死んじゃう。医者なんて何百キロ離れた首都まで行かないとないわけだから。

平山：それは無理だな。

高野：キャンプに出てパニックになって。それをコンゴ人たちが見つけてぶった切っているんですけど、やっぱり恐怖からハイ状態になって、みんなゲラゲラ笑いながら、ヘビを切り刻んでいるんですよ。「ウヒャヒャヒャヒャヒャ～」って。それを火にくべたりしてて……そっちのほうが怖いですけどね。

「いかに嫉妬を防ぐのかが、呪術のいちばんの基本なんです」

平山：あと、向こうに行ったら、郷に入っては郷に従えみたいなものがあるけど。向こうというのは、呪術的なこととか、呪いとか、そういうことも信じているんでしょ？

高野：うん。

平山：知らずにタブーに触れちゃったら怖いよね。勉強しないといけないのかしら？

高野：いや、そういうのはあまりないんじゃないですかね。アフリカなんか多いけど、圧倒的に多いのは、嫉妬なんですよ。いかに嫉妬を防ぐのかが、呪術のいちばんの基本なんです。

平山：さっきの桃井かおりレンガ殴打事件みたいな。

高野：本当にそう。まず、男女関係。男が浮気していると言うと「浮気相手が呪術を使っているんじゃないか」「呪術でうちの夫をたぶらかしている」とかみさんが思うわけです。だから、こっちも呪術を使って、それを封じなきゃいけないと、呪術師のところに行って、お札をもらってきて、ベッドの下に入れておいたりする。
平山：それは、本当にそういう気持ちでやるのね？
高野：そうそう。
平山：日本でお札をもらってきて貼るじゃなくて、薬のように効くんだと。
高野：それは、本当に即物的に効くわけですよ。
平山：効くの？　効かないんでしょ？
高野：いや、だから、効くことになっているわけですよ。
平山：ガツンと効くことになっているんだ。
高野：うん。みんな、それを信じているんですよ。いつも誰かが呪術をかけている、攻撃してきていると思うから、こっちも守らなきゃと。黒魔術と白魔術みたいなものがあるけれども、自分は白魔術だと全員が言うわけですよ。
平山：難民キャンプにいたりもするわけ？
高野：いるわけですよ。どこにでもいて。
平山：どこにでもいるの？
高野：占い師みたいな、呪術師みたいなものがいて。いってみれば、医者であり、カウンセラーでもあるわけですよね。相談に行くと「呪いを書いてあげよう」「この木の葉っぱをあげよう」「これで相手の攻撃は防げる」とかね。

平山：すごいことだね。
高野：あとは、子どもを生むということが、アフリカやアラブ、イスラム圏はすごく大事なことなんです。子どもが生まれると妬まれると考えるんですよね。例えば、ケニア人とかソマリ人なんかは、妊娠したら他人がくれる食べ物はいっさい食べない。
平山：「これ、うちに送られてきたからどうぞ」みたいのも拒絶するわけ？
高野：そうそう。「たくさんもらって余っちゃったから」とかあるじゃないですか。普通、食べるんだけれど、妊娠したらいっさい食べない。
平山：それは毒が入っているって考えているから？
高野：そう。毒が入っている可能性が高いから。
平山：本当に入っていたりするの？
高野：いや、入っていないと思いますよ。
平山：嫉妬心だよね。だから、彼ら彼女らは普段はいい人だけれども、嫉妬心に駆られるとそういうことをする可能性がある。
高野：あると思っている。
平山：魔が差したり。
高野：そう思っている。だから、男女関係と子ども、妊娠出産に関する呪術が多いんですよ。
平山：例えば、どんな呪術があるの？　だいたいお札を書く？
高野：字があるところなら、呪いの言葉を書くとか。

平山：それは紙に書くの？

高野：紙に書いたというのは聞きましたね。僕の仲良いソマリ人のおじさんが、ソマリアの副大臣なんですよね。金回りが良いから、あちこちに未公認の愛人をかこっているわけですよ。

平山：嫉妬心が渦巻いて。嫉妬心の中心にいるわけだ。

高野：おる。でも、なんか体調が悪い。「なんだろう、おかしい」と思って「もしかしたら呪術をかけられているんじゃないか」と思って、マットレスを剥がしたら、紙になんか書いてある。

平山：怖っ！

高野：それで、行きつけの呪術師のところに行って……。

平山：居酒屋、小料理屋みたいだな。

高野：相談すると「これは、あんたのかみさんがやってるんだ」と言って。

平山：そうしたらどうするわけ？　そっと剥がしたら、かみさんにもバレたのがバレちゃうじゃん。そっとしておくの？

高野：それは取り除かなきゃ。

平山：取り除けばいいわけ。

高野：うん。

平山：逆に「かみさんが心の広い女になれ」みたいな呪術をかけてもらったりしないのかな？

高野：そういう『北風と太陽』みたいないい話は聞いたことがないですね。

平山：かなり強烈だけど、呪い殺すみたいなものはないんでしょ？

高野：うーん……。
平山：それは、呪術師としてもかなりリスクがあるのね。悪いことだからね。
高野：うーん……殺すというのは意外に聞かないですよね。
平山：え、高野ちゃん、呪いの現場とか、見たことがあるの？
高野：いやいや。仲良くなって話していると、そういう呪術の話が普通に入ってきたり。
平山：カート友だち？
高野：そうそう。カートを噛みながら。
平山：「この間さ……」みたいな。
高野：なにかの話の流れで呪術の話になるみたいな感じです。要は日常生活にあるから。
平山：その呪術の話をすることは特別なことじゃないのね。
高野：そうそう。だから、呪術でもすごいライトものからヘヴィなものまでたくさんあって。人間の病気だってそうじゃないですか。風邪レベルから癌や脳溢血まであるじゃないですか。だから、割と呪術師に相談に行くんですよ。女性なんかもけっこう行って、人間関係がうまくいかないとかね。
平山：さっきの話でいえば、子どもがなかなかできないとか。
高野：そうそう。
平山：高野ちゃん自体はかけられたことはないのね。ないよね？　だって外国人だもんね。
高野：外国人には効かないっていう。

平山：そうなの？
高野：うん。アフリカだと、サッカーがすごく人気があって。ゴールにバリアを張るというのが、よく行なわれているらしいんですよ。
平山：え？　もう一回言って？　よくわからないんだけど。
高野：各チームに専属の呪術師がいて、ゴールにバリアを張るらしいんですよ。
平山：専属の⁉
高野：うん。ゴールキーパーが2人いるような感じですよね。
平山：そっちもバリアを張っているんだ。「ゴールを割られるな！」と。
高野：そうそう。でも、お互いに呪術師がいるから、張り合っているわけで。だから、ゴールキーパーがそれぞれいる。11人じゃなくて、プラス1でやっているんです。
平山：なるほど。あたかも入ったに違いないのにちょっと球がずれたりすると。
高野：そう。バーに当たって跳ね返ってくると「よし！　グッジョブ！」みたいな。
平山：「あいつの力だ！」みたいな。
高野：感じになるのかもしれない。
平山：ほんとかい！　サッカーも霊的に見れるわけだね。
高野：だから「あそこのチームは、最近すごい呪術師がついている。だから勝っているんだ。首位だ」とかね。
平山：いいね！

高野：カメルーン人とそういう話をしていて「そんなにすごい呪術師がいたら、カメルーンワールドカップ優勝しちゃうじゃん」と言ったら、「これが、外国人には効かないんだよ」って。

平山：バリアがね。

高野：アフリカ人レベルだとまだ効くらしいんだけど、アフリカから出ると効かないんだと。

平山：面白いね。

高野：占いとか呪術って、だいたい文脈があるんですよ。文脈を超えると効かないということは、よく言われていて。

平山：価値観とか。

高野：そうですね。僕も占いを一度やってもらったんだけれども、やっぱり「外国人だとできない」と断られたり、「正直あまり自信がない」と言われたりする。

平山：もし、俺が高野ちゃんだったら、真っ先に「便が出るように」「誰かが俺の便が出るのを邪魔しているんじゃないか」とかさ、考えちゃうよね。

高野：そういうのは割といいかもしれない。もしかしたら、本当に「カート食いすぎだよ」と言われるかもしれないけど。

平山：でも、それで今まで出なかったのに、サッと出たらちょっと信じちゃうよね。なんなんだろうね。それは、たまたま、偶然で起きたものに後づけで思うのか。実際に、そういうサムシングがあるのかという問題だよね。人間の精神の活動としてさ。

高野：うん。そうそう。あってもおかしくないですよね。

ストーカー被害者が最初に感じる「違和感」

平山：そういうのを感じることはある？　水木しげる先生の戦記物を読んでいると、ジャングルというものには何かがいるということを、彼はとてもよく描くじゃない？

高野：そうですね。

平山：そういうのはあるのかしら？

高野：あってもおかしくない気がします。

平山：とても不思議なもの。いまだに解明はされていないけど、何かあるのかもしれないね。

高野：うん。

平山：だから、高野ちゃんの話で「あっ」と思ったことがあってね。ストーカーの取材をやっていたときに、ギャヴィン・ディー・ベッカーという人がいて、その人は、１００万件くらいのストーカー事例を集めているわけ。

高野：１００万件！

平山：そう。フォード大統領の補佐とか安全保障の補佐なんかもやっていたすごい人なんだけど。その人が言っていたのは、女性に限ってなんだけど「ギフトがあるんだよ」と。「それは何ですか？」と言ったら、ストーカーの被害に遭った女性はみんな加害者をパッと見て、「嫌だな」という感じはしているらしいのね。ただ、それは言葉では言えないのよ。

高野：嫌って、誰に対して？

平山：ストーカー。最初からストーカーをしてこないじゃん？

高野：うん。

平山：ある人は、スーパーから帰ってきたときに、後ろから「ドアを開けてあげますよ」と入るときに押さえていてくれた人がいて「ありがとう」と言ったら、「荷物重いから持ってあげるよ」と言われたんだけど、なんか嫌な感じがしたんだけど、ちゃんとした人だったから、その感情をしまいこんだ。でも、結局、その人が荷物を持って、「重いから、部屋の中まで持っていってあげるよ」と言われて入れて、そのままレイプされた。

あとは映画のチケットを買おうと女の子が一人で並んでいた。「こんなに並んでいるんだったらチケットは買えないな」と思ったら、前のほうから声がかかって「彼女と一緒に来る予定できたんだけど、彼女がこれなくなったから、一緒に観ない？」と誘われた。

彼女は嫌な感じがしたんだけど一緒に映画を観た。映画が終わって、自分の駐車場の車に向かったときにレイプされた。女性は90％に近い確率で感じているらしいんだよ。「変だ」って。

高野：「変だ」ってね。

平山：でも、変な理由は見当たらないわけよ。明文化できないし、意識に上がらないわけ。服装がボロボロだとか、目つきがおかしいとかじゃないから。でも「なんか嫌だな」と思ったんだけど、彼女たちは思い過ごしなんだと思って打ち消しちゃうわけ。結果、だいたい被害に遭っている。それをベッカーは「ギフト」と呼んでいて、だいたい当たる。ストーカーの被害者は女性が多いので、だいたい当たる。人は危険を回避できちゃうとわからないのよ。何もないから。「お前、俺、やるつもりだったぜ」って言ってくれないから。後ろからついていって「お前、うまくいったな」と言わないから、思い過ごしだと思っちゃうんだけど、実はそれが非常に重要なことだと、彼は言うんだよ。だから、さっき、高野ちゃんは「ひと言、ふた言しゃべるとわかるよ」って。でも、それは文脈には出てこないじゃん。

高野：うん。

平山：挨拶して、「俺はこういう人間なんだ」「話は聞いているよ」くらいのことじゃん。そこでというのは、ちょっとギフトっぽいなと思った。

高野：顔を見ただけでわかるときもある。

平山：すごいよね。

高野：良いとか悪いとかを含めて、今回アテンドしてくれる人がいて「ああ、60点」とか、つい思っちゃったりする。60点の顔をしているんですよ。

平山：それは文脈には落とし込めないものでしょ？

高野：まったく落とし込めない。顔を見ているだけだから。

平山：そうだよね。

高野：言葉も発していないけれども、瞬間的に「ああ、60点」と思うんですよ。この前、クルディスタンに行って帰ってきたばっかりなんですけど、ドライバーを雇ったら「ああ、60点」と思って。そしたら、やっぱり60点。まったく60点だった。

平山：そこがすごいんだよ。本来、人間が持っていた勘みたいなものなんだよね。だから、高野ちゃんの活動というのは、さっきも言ったみたいに、何かの保証があるということをしていないから、自分の感性や感覚が研ぎ澄まされるんだろうね。

高野：そうですね。

平山：絶対そうだよね。だから、60点って言ったら60点なんだよ。

高野：やっぱり、普通の人よりも真剣に見ているんでしょうね。そういう習慣がついているということ。

平山：ちゃんと見ないといけないもんね。

高野：そうそう。

平山：いくら前情報で「こいつは信頼できるから」といろいろ言われたとしても、見たときに60点なら60点。

高野：60点なんですよ。

平山：そうだよね。だから、最初、こっちで「頼むよ。アテンドしてください。お願いします」と言ったときは、１００点だと思って頼んでいるんだもんね。

高野：もちろん。

平山：その情報の段階で、ろくでなしと言ったら、切らないといけないから。

高野：50点が可なわけですよね。だから、60点ということは、自分の身の保証、安全は保証されるし、相手も信頼は一応できる。ただ、能力とか性格的には、いろいろあるだろうなというのが、60点ですよ。

平山：60点だよね。時間どおりにこないとか。

高野：うん。

平山：時間どおりにこないというのはないの？　要は、アフリカタイムみたいな、沖縄タイムみたいな。

高野：時間どおりにこないなんていうのは、まったく普通。それは普通ですよ。

平山：「明日8時な」と言って、8時なんだけどこないと。

高野：この前も60点の奴と、明日の出発を7時にするか8時にするか、前日に大揉めして。僕は一刻も早く出たいわけですよね。そいつがどうしても「8時、絶対8時」って言うから、最後に折れて「わかったよ、8時でいいよ」って言ったら、出発が11時だったんですよ。

平山：11時⁉　3時間も遅れてるの⁉

高野：もうそのへんになると、しょうがないと思って。

平山：そうした場合、相手は申し訳ない感じでくるの？

高野：いや。向こうがラマダンの時期で、要するにみんな朝起きないんですよね。そういうのがあるから、ここで、俺がいくら言ってもしょうがないし。もっと長くいるんだったら、ちゃんと説明してとかやるけれども。2日、3日しかいないと、そんなことやっているのもバカバカしいですし、時間がもったいないから。

平山：労力の無駄だから。

高野：そう。そういうときには、サーフィンと同じで乗るしかないんですよ。
平山：そうだよね。
高野：そのなかでいちばんいい感じで。
平山：でもさ、高野ちゃんがここまでやれてこれたのって、やっぱりギフトのおかげだと思うんだよね。あとはカートね。
高野：それは間違いないですね！

たかの・ひでゆき
1966年、東京都出身。ノンフィクション作家。早稲田大学探検部在籍時に書いた『幻獣ムベンベを追え』をきっかけに文筆活動を開始。ポリシーは「誰も行かないところへ行き、誰もやらないことをし、誰も書かない本を書く」。『謎の独立国家ソマリランド』で講談社ノンフィクション賞、梅棹忠夫・山と探検文学賞を受賞。主な著書に『アヘン王国潜入記』『語学の天才まで1億光年』『イラク水滸伝』など。

イヌヒロイ　ネコセマイ

平山夢明

ひらやま・ゆめあき
1961年、神奈川県出身。1993年から実話怪談「「超」怖い話」シリーズに参加し、執筆活動を開始。2006年、短編「独白するユニバーサル横メルカトル」で第59回日本推理作家協会賞短編部門賞を受賞。『DINER』で2010年に第28回日本冒険小説協会大賞、11年に第13回大藪春彦賞を受賞。著書に『異常快楽殺人』『暗くて静かでロックな娘』『デブを捨てに』『或るろくでなしの死』『あむんぜん』『八月のくず』「東京伝説」「怖い本」各リーズなど多数。

怖い話の取材をしていると色々な話に出会《でくわ》す。それは釣りにも似ていてこっちは真鯛だのなんだのと本命を狙って取材を打つんだけれど、話がいつも本命になるとは限らない。逆にそうで無い場合の方が圧倒的で、折角時間を割いて話してくれた方にはほとほと申し訳ないのだけれど所《いわ》謂《ゆる》、雑魚、外道の方が多い。そのなかでも『枕元に死んだ爺ちゃんが立っていた』とか『心霊スポットに行ったら車のエンジンがかからなくて、よくみたら窓硝子に手痕がベタベタついていた』みたいな話を聞かされると下痢が出る。でも、それらを話してくれる人はとてもみんな良い人が多いのも事実で、きっといきなり人に殴られたり首を絞められて失神したことがない平和な暮らしをしていたんだなあと、こっちは温かく見守って飲み続けることにしていた。

でも本命に対する外れ方でもちょっと変わったのもあって、『幽霊の怖い話』を取材しているのに『人間の怖い話』だったりする場合には、それはそれで結構、面白い。今でも思い出すのはバイトからマンションの自室に帰った若い子がドアを閉じた途端、トイレのドアがパタンと閉まったという。独り暮らしなので他に誰もいない。風や風圧で閉じたのと、ちょっと違う感じがしたから、そっとトイレを開けてみると真っ暗な空間に男が立っていたらしい。彼は台所から持ち出したらしい包丁を彼女に向けていた。切っ先がぶるぶる震えて光るのが玄関の明かりでよく見えたという。咄嗟に喉元まで悲鳴が出かかったが、『そうではない』という冷静な考えが不意に頭に湧いた。つまり、叫べば自分は死ぬと彼女は悟ったのだ。男は刺すなり、捕まるなりして早くこの緊張した状況にケリを付けたいと目の玉を大きく見張っている。侵入して何時間経ったのかわからないが、とにかくもう彼は限界なのだ——。

『あんだぁ、そんなもの持ってぇ。あにすんだぁ？』

自分でも予期せぬ故郷《くに》の訛りが口を吐《つ》いて出た。自分も驚いたが、相手も驚いたらしい。フーッと息を吐くと男は『な、なんだ？』と云い。それから『あんたを刺してから自分も死ぬ』と包丁を揺らした。狭い部屋のこと、包丁はほぼ彼女の鳩尾《みぞおち》の前でふらふらしていた。

『そっかあ、でも……あだしもまだ死ぬのはいやだな。あんたもよしな』

その途端、男は包丁を下げた。そして『うん』と返事をした。『お茶飲も』彼女は小さな台所で湯を沸かし、それから今の今迄、自分を殺そうと待ち受けていた男と向かい合って煎茶を飲んだ。

『あんたは良い人だから……殺すのは止めた』

彼女より三つ四つ年上に見えた男は、茶をカップに半分ほど残して出て行った。

ドアを閉め鍵を駆けた途端、腰が抜けて立てなくなった。這うようにして電話に向かうと通報した。男は廊下側の風呂場の柵を剥がして侵入したのだという。湿気を気にする彼女はよく風呂場の窓を開けていた。事情聴取を終えた刑事は『今夜、泊まる所はあるか？』と訊いた。何故かと問うと『あんたは犯人に情をかけた。でも今の奴に他に情をかけてくれる人間はいない。だから必ずまたあんたに会いに来る。そして次はないよ』と云った。

彼女はその足で友人宅に泊まり、翌日、故郷に帰った。

こういうハズレは良いハズレだ――でも、いつもそうとは限らない。

ウルトラマンが来た

ウザワは妙な奴だった。俺がコンビニをやっていた頃、バイトの募集を見てやってきたのだがバイトの時間が終わっても店にいる。朝九時から午後五時までの契約なのに、ずっといて店の掃除や交代で入った高校生と事務所で楽しそうに話をしていたりした。

『おまえ、家に帰んないのか？』と云うと『いいんです』とヘラヘラしている。こっちも猫の手が借りたいほど人手不足だったので、これ幸いと空いたシフトに入って貰っていた。

「店長、怖い話ありますよ」

夜勤の引き継ぎを終え、上がる前に事務所でコーヒーを飲んでいるとウザワが突然、そう云ってきた。店で俺が誰彼ともなく『怖い話ない？』と訊いているのを小耳に挟んだらしい。勿論、この時は将来、怖い話で飯を食うなどと考えたこともなかった。ただ単に昔っから怖い話や奇妙な体験を訊くのが好きだった。

へえ、どんな話だい？　と水を向けるとウザワは『ウルトラマンです』と云った。

途端に萎えたが奴はどんどん話す。

実は知り合いに離婚した家の子が居たんです。親父がアル中でおふくろさんを殴るんで、おふくろさんは子ども置いて独りで出て行ってしまった。この間、実家に帰ったとき（ウザワの実家は東海地方だった）、そいつのことを思い出してそれで……。

友だちのことを「トシ君」とウザワは呼んでいた。

トシ君は小学校の五年生、ふたつ下の妹もいた。母が居なくなったことは兄妹にとって、とんでもない大惨事だった。でも、母がトシ君の学校の連絡帳に残していった「かならずむかえにいきます。母」というメッセージを頼りに踏ん張ることに決めたのだという。

ウザワの話では学校での彼の様子はいつもと変わりなく、母親は躯を壊して少し離れた病院に入院したと周囲には説明をしていた。

母がいなくなって父は生活が荒れた。仕事も休みがちになり、昼から酒を呑むようにもなった。夏休みになると家に見知らぬ男たちが集まって父親を蹴ったりしてもいたという。『返せ！』と怒鳴りつけていることから、子ども心にも彼らが借金取りであることはわかった。幸いなことに彼らは父親には厳しく迫っても、彼らふたりには決して暴力や荒い言葉を投げなかった。それどころかたまにおかしや玩具を与えてもくれたという。お金だと父親に取り上げられてしまうと思ったのかもしれない。

ある晩、父親が兄妹の寝室に使っている六畳とは別の、隣の四畳半に鍵を付けた。トシ君曰く『蔵や倉庫にかける南京錠みたいなやつ』と云っていたそうだ。何が始まるのか見当も付かなかったが、幼い二人にはどうすることもできなかった。ただ鍵を作った翌日から誰かが四畳半にいることだけはわかった。息づかいや『ジェッ！　ジェッ』という悲鳴とも呻きとも付かない声が薄い壁越しに聞こえるのだ。

部屋のなかに入るのは父親だけで、ふたりには隣に人が居ることは絶対に誰にも話してはいけないと、見たこともない怖い顔で云われたという。

部屋の中で何が行われていたのか彼らは知らない。四六時中、父が酒瓶を片手に見張っていたからだ。それでも深夜、物音で目が醒める。否、正確には隣に寝ている妹が怖さのあまり、しがみついてくるので目が醒めるのだ。そんな時はいつでも隣では床を殴り付けるような音と『ジェア！　ゲェ！　ゲェ！』とベトベトした喉から絞り出すような呻き声がした。父の『シッ！　シッ！』と押し殺した声が聞こえる時もあった。

「おにいちゃん、ウルトラマンだよ」

隣に何者かが住んでから六日ほどした時、妹がポツリと呟いた。

どういうことだと問いただすと妹はいたずらっぽい顔で笑って「ここ」と境の一部を指差した。もともと壁とは云っても薄い合板だったのでヒビが入っていたのか、それとも何かの拍子で穴が開いたのかはわからないが、目を付けると隣の様子が一部見えた。

――ウルトラマンがいた。父親がチャンネルを決めているので滅多に見ることはできないけれど、確かに銀色の肌に赤い線が入ったウルトラマンだった。顔も銀色で目の辺りにはレンズらしきものも填まっていた。

「ね？」

妹に言われるとトシ君も頷いていた。

正義のヒーローは重ねた布団にもたれるようにしていた。けれど違和感があった。小さいのだ。自分たちか、それより二回り大きいぐらいの正義のヒーローだった。とてもテレビが云っているような巨人ではなかった。

幼い二人の関心はその時点から、隣にいるのが「誰だろう？」から「なぜいるのだろう」に変わった。「あたしたちを助けに来てくれたのかな」などと妹は云ったが、そんなはずが無いのは二人ともわかっていた。

ウルトラマンは大抵、寝ているか、呻いて畳の上を転がっていた。時には壁を蹴ったりもしたが、ひとりで立ち上がる事はなかった。


「それで？」と俺は云った。ウザワがそこで黙ってしまったからだ。

「それで終わりです」

「は？」

「トシ君の話だと、それから暫くしてウルトラマンはいなくなったたって」

「なんだそりゃ。それじゃあ何にもわかんないじゃん」

「そうなんです。でも本当の話ってそういうこともあるんじゃないですか？」

「まあ、あるだろうけどわざわざ話すような話でも聞くような話でもない気がする」

「でも、珍しいですよ。家にウルトラマンが住んでたんですから」

「確かに」

そんな間抜けな話でウザワはヘラヘラ笑っていた。

が暫くして奴は、思い出したんですけれど、と前置きしながら、こんな事を云った。

「ある時、トシ君が夜中に目を覚ますと、寝室の襖が四分の一ほど開いていたそうです」

父親かなと思って目を開けると――ウルトラマンだったそうである。

しかも、それは大人と同じ大きさで襖の隙間から半分だけ顔を覗かせて凝《じ》っとふたりの部屋を覗き込んでいたらしい。父親がいないことが気配で知れた。今もこの部屋にいるのは自分と妹と、顔を半分だけ見せて覗いている大きなウルトラマンだけだった。

寝たふりを続けなくちゃ、トシ君は咄嗟にそう感じ、ふりを続けたという。

やがて本当に寝入ってしまい、朝になると襖は閉じられていた。

「親父さんはその後、自殺して、二人はおかあさんに引き取られたんです。だから結局、ウルトラマンのことはそれっきり……」

「なんだよ、その話」

なんとも云えない話なので、俺もそのまま忘れてしまっていた。

冴《さえ》野《の》美《み》香《か》

冴野美香が午後十時五十分、名古屋発米原行の東海道本線に轢断された時、彼女は中学二年になったばかりだった。

当時の様子は小さな新聞の囲み記事として掲載されたが、警察では数ヶ月前に転校してきたばかりでイジメによる自殺の可能性も低いとされ、単なる事故として処理された。

「美香の霊が出る」という噂が彼女の通っていた中学で囁かれるようになるのは、その直後のことだった。

初めに美香の霊を見たと云いだしたのは、彼女が所属していた演劇部の部員だった。演劇部は体育館の舞台の下を倉庫として使っていたのだが、脚本担当のR子が仲間を部室に待たせたまま小道具の人形を確認しに降りた。舞台下の倉庫は埃っぽく、暗くて、だだっ広い。なかを薄暗い蛍光灯が照らしていた。ロッカーや運動用のマット、バスケやバレーのボールを入れた籠の置かれた先に演劇部の備品入れはあった。

当時、彼女以外誰も体育館にはいなかったという。人形を確認したR子の隣で何かが動いた。ドキッとして振り返るとロッカーに備え付けられた鏡に自分が映っていた。なんだとホッとした途端、自分の真後ろにぬっと顔が突き出された――美香だった。

半ば狂ったように教室に飛び込んできたR子は美香の顔が赤く、ぐしゃぐしゃに変形していたこと、首を噛まれたことなどを、残っていた二人の部員に告げた。

――R子の首には確かに何かがぶつかったような赤い腫れが残っていたという。

この出来事はアッという間に生徒の間で広まった。なかには美香を召喚しようと【こっくりさん】ならぬ【サエノさん】を始めるグループまでいた。しかし、学校側はこうした噂の流布を厳しく取り締まったという。高校受験を控えた彼らにこうした雑音は無用だと判断したこともあるが、それ以上に冴野家の反応を配慮したのである。

美香の突然の死の衝撃は冴野夫妻にとって想像を絶するものであったらしい。事故以降、彼らは近隣との接触を殆ど取らず、半ば【引き籠もり】のような生活を送っていた。

　葬式も彼らの故郷で済ませ、通常ならば行われるであろう学校でのお別れの会なども、やんわりと拒絶された。

「みなさんのお気持ちはありがたく涙が止まらないほどですが、どうしても同じ年頃の方を見、またお話をするだけの余力が心にも体にも今は残っておりません。あの子はあの時、あの悲劇の直前まで、全くいつもと変わらぬ明るく優しい娘でした。それがこのように突然、毟り取られるようにして亡くなったことは我々としては未だ納得がいかず、事態をどのように受け止めればいいのか途方に暮れています。誠に申し訳ありませんが、私ども夫婦の気持ちが落ち着き、取り乱すことがなくなるまで、もう少しの間、お時間をください」

　こうした手紙が担任宛に送られてきたという。

　しかし、こうした秘密めいたにおいが多感な時期の生徒の気持ちを掻き立てたのだろう、美香の霊への噂や作り話は日を追うごとに多くなっていった。

　そして極めつけな事件が起きた。事件とはいえ通報されたわけではなかったが、小さな町の中学校に衝撃を与えるには充分であった。

　ある朝、教室に一番にやってきた生徒が教壇の上に（柔らかな貝）を見つけた。

　近づくとそれは、多少黒ずんで縮んではいたが人間の右耳であることがしれた。職員室に駆け込んできた生徒の訴えで教師は一一〇番ではなく、学校近くの派出所に相談をした。

警察官がやってき、教室は封鎖され、後に然るべき手順によって処置された。

翌週、それが間違いなく美香の遺体の一部であることが報告された。耳は両親の元に返却された。事件性はなく、事故現場から鳥の類いが持ち去ったものが何者かに拾得され、悪戯に教室に置かれたのではないかとのことだった。生徒である可能性が大なるも、変質者の線も捨て切れないと学校側は注意を喚起されたという。

学校の内外で【こっくりさん】【サエノさん】を行うことが禁止された。またＨＲの時間を使って〈いま自分たちが集中すべきこと〉というテーマで、やんわりと美香の事故を忘れようという苦肉の指導も行われた。が、所詮、生徒達には焼け石に水だった。

「それからちょっとすると、美香の霊に対する子ども達の接し方に、大きな変化が生まれたんです」

それまでの美香の霊にまつわる噂は、勉強中に背後に佇んでいたり、夜カーテンをめくった向こう側にいたり、塾や予備校帰りに道の角や塀の上からこちらを睨んでいる、もしくは向かいのビルの屋上から見ている、などという心霊話の域を越えなかった。それが秋口になると変わった。

『美香に頼むと願いが叶う』というのである。

それはこうである。美香が轢死した踏切の先にトンネルがあり、そこには歩行者用の小さなトンネルも付随していた。深夜、トンネルの真ん中で『美香ちゃん』と声をかける。【はあい】と返事がしたら、願い事を書いたメモをその場に置いてくると叶うというのだ。

深夜のトンネルに行って電車に轢かれた死人に頼み事をする、しかも返事がなければ無駄足になるなどという、かなり莫迦げた話なのだが、それでも僅かではあるが実行した者もいたらしい。

N美は死んだ猫のコユキを生き返らせて欲しいと頼みにいった。

「すごく怖かったけど、美香ちゃんならなんとかしてくれるかもしれないと思って……」

コユキはその日の夕方に息を引き取っていた。死んだ猫の躯はN美の部屋に置いてあった。彼女はそっと家を抜け出すと藁をも掴む思いでトンネルにやってきた。深夜のトンネルは全く人気《ひとけ》がなく、冷たい風だけが吹き抜けていた。風が耳元で音を立てる。

彼女は足下も覚束ない薄暗いトンネルのなかにひとり、〈コユキを生き返らせてください〉と書いた手紙を胸に進み、『美香ちゃん』と声をかけた。すると何度目かの時、確かに『はあい』と返事があったという。期待していたはずなのにN美は総毛立った。

はっきりと触れてはいけないモノに触れたという実感が湧き起こったのだ。

彼女はメモをその場に捨てると、家に駆け戻った。振り返って思い出すと汚れた紙片が壁の下にいくつも散乱していた。やっぱり自分以外にも願い事をしに来る人がいるんだと思ったという。

Sは当中学校の体育科の教員だった。職員の間では既に『トンネルに通う生徒』の件が問題視され、校長が職員会議の席上、市の教育委員会からも事故が起きた場合に管理責任を問われないようにすべきという勧告が出されたと報告があった。強制ではないとしながらも男性教諭の有志がトンネルの夜間巡回を受け持つハメになった。

幸いなことにSが巡回した際に遭遇した生徒はいなかったが、思わぬ人に出会ったという。

「丁度、五回目の巡回の晩でした。もう夜中の二時になろうとした頃、冴野の名前を呼ぶ声が聞こえたんです」

　Sは生徒が来たのだと身構えた。発見した場合には学校、学年、氏名を確認した上、自宅まで連れて帰ることになっていた。勿論、校内では巡回のことは周知されている。

　逃げられては困るとSは懐中電灯を消して、トンネルの真ん中、端で待機した。するとふたつの人影がやってきた。冴野の名を頻りに呼んでいたが、「あれ？」と思った。

「大人だったんです……それも冴野のご両親でした」

　ふたりはSを見て仰天していた。そして彼が娘の中学の教師であることがわかると激しく恐縮した。母親は泣きながら「もし逢えるなら……どんな形でも良いので……逢いたくて……」と、その場でくずおれた。傍目にも両親は立つのもやっとといった態で、事故当時より更にやつれ、疲れ切っている様子だったという。娘を失った親というものは、こんなにボロボロになってしまうものなのかと、Sは内心で驚愕した。

　が、翌年、そんな美香の霊に関する様々な事態が、根底から引っ繰り返ってしまう悲惨な出来事が起きた。美香の両親が自宅で無理心中したのである。夫であるS吾が、妻M子の胸を突いて刺殺、後に自分も頸動脈を切断して死んだのであった。遺書はなく、夫の体内からアルコールが検出されたことから発作的な犯行であったとの結論が出された。

　こうして冴野家は所謂、【事故物件】となり、廃墟と化した。
三人の霊が仲良く暮らしているとの噂も立った。

まずいラーメン屋

南U和にある『上野ラーメン』は、すこぶる不味い店だった。麺はぶよぶよでスープは薄い、薄い上にぬるい。よくこんなもので商売が成り立っているなと驚くし、食べる前後だけではなく食べている最中にも『何故、俺はこんなものを喰っているんだろう』との疑問符が頭から離れない。上野ラーメンはそんな素敵なラーメン屋だった。

「まずいでしょ？　うちのラーメン」

「まずいねえ、よくこんな不味く作れるもんだね」

「そりゃあ、どんな風にすれば不味くなるか研究してますから」

本人曰く、世界初の『餌ラーメン』を目指し、日夜、奮闘しているのだという。

大将は俺と同じ年頃だろう、つまりウザワとも然程《さほど》、違わない。

ずっと云い忘れていて恐縮だが、先程の【冴野美香】の話はウザワがもう十年以上も前に送ってきたものだった。ウチの店を辞めてから実家の東海地方に戻った筈だったのに、奴は小説家になりたいと、たまに俺の処に、書いた原稿や怖い話のネタを送ってきた。そのうちのひとつが【冴野美香】で、一番マシなものだった。

ウザワは俺が興味を持ったと勘付いたのか『美香は大ネタなんで自分が書きます』と、何処かの雑誌に持ち込むか、はたまた小説のネタとして使うつもりなのか、色々と調べて回っているようだった。当然、俺には全てを教えていない節もあった。でも、それはそれで奴が発掘したネタだから好きにすれば良いと思っていた。

　このラーメン屋はウザワが紹介してくれたのだった。なんでも美香の取材の時に知り合ったという話だったが、詳しいことは知らない。

　初めに来たときは頭に来るぐらい不味いラーメンで吃驚したが、ウザワはラーメンではなく大将の博識と事件ネタの豊富さが素晴らしいのだと力説した。確かに素人離れした語り口とネタの斬新さは頭抜けていて、俺もたびたび話のネタに詰まると取材かたがた不味いラーメンを、この店で唯一真っ当な瓶ビールをちびちびやりながら味わうことにしていた。

　店は不味いことで有名なので滅多に混むという事はない。しかも営業日は月水の二日だけ、営業時間は一九時から大将が嫌になるまで。ウザワの話では本業があって片手間か税金対策でやってるんですよとのことだったが、俺もそう思っていた。因みに大将の名は上野《かみの》という。

　ウザワとはもうずっと音信不通だった。意見を聞かせて欲しいというので、奴の書いた原稿を見たことがあった。『美香』を題材にしたホラーや全く別のコメディっぽいものもあったが、俺が読んでコレと気に入ることはなかった。

　二、三度厳しめにチェックした原稿を返送すると次からは送ってこなくなった。新人懸賞に応募するのが一番だと口を酸っぱく云っていたので、本人もその気になったのだろうと思っていた。

　大将もウザワとは、ここ数年、逢っていないと云っていた。彼の話ではウザワは故郷で家の畑仕事を手伝いながら美術館の警備員のバイトをしているらしい。

「美術館のバイトってのは良いんですよ。クーラーもよく効いているし、お客を見張ってるだけですからね。そもそもそんなに客は来ないし」

大将はそう云って笑った。

とは云え、不味い店なので滅多に行かない。滅多に行かないし、実話怪談の執筆からも遠ざかることになってからは、ますます足が遠のいていた。


『店じまいをするので、行きませんか？　常連を集めて閉店パーティみたいなことをするんです』

上野の大将からそんな連絡が入ったのは、もう十年以上前の事だった。

そうか、とうとう閉店か……そうだよな、閉店するよな。逆によく今迄もったもんだ、などと思いながら俺は店に向かった。パーティーの開始は午後八時だった。

店に入ると常連らしいのが数人、奥の小上がりに詰まっているようだった。俺は赤の他人と狭い中にいるのは少々気詰まりなので、カウンターにひとりで座っていた。

シャッターは下ろされ、外からは営業しているかどうかはわからない。

「ウザワさん、亡くなりましたよ」不意に大将がそう云った。俺は呑みかけのビールをぶっと吹いて「え？」っと声を上げた。驚いたままの俺の顔へ大将が「蚊に喰い殺されたそうです」と続けた。

「蚊？」

「ええ。蚊です。美術館の裏に竹藪があるんです。そこに休憩中は車を駐めて過ごすんですけれど、藪ッ蚊が凄いんですよ。ウザワさん、酷い二日酔いで出勤してきて、そのまま車のなかで寝ちゃったらしいんです。窓を全開したまま。ほら、蚊って酔っ払いの血が大好物でしょ。仲間が見つけた時には、全身真っ黒になるほど蚊に集《たか》られていて……それで死ンだそうです」

暫く開いた口が塞がらなかった。蚊に食われて死ぬなんて死に方があるのか……と唖然とした。しかし、それもウザワらしいなとも頭のどこかでぼんやり思っていた。

「知り合いから聞いたんです。ウザワさんの勤め先は私の実家からも近いんで」

俺達は暫く黙っていた。その時、ウザワが最後に送ってきた資料のことがぼんやりと頭に浮かんだ。資料といっても単なる覚え書き程度の粗末なものだったと思う。

最後の資料

あの後も何かにつけて【美香】について調べていたウザワは、きっと美香に淫していたのだろう。何か資料からは執念というか、ちょっとストーカー的な臭いもした。

資料は両親が心中した後の廃墟に侵入した時のレポートと、Ｓという体育教師の後追い取材だった。ウザワは『とんでもない大発見がありました！　これでボクは飛《と》翔《び》ます！』と資料の表紙に赤いマジックで大書していた。

Sの話――

美香の通っていた中学校をその後二年勤め、それから同じ市内の別の中学校に転勤していたSはウザワにあるメッセージを送ってきていた。もしかするとそれがウザワの心に何か執着する切っ掛けを作ったのかもしれない。Sは特別、美香のことを注視していたわけではないが、あの夜、トンネルで出会した両親のことだけは妙に引っかかりをもって憶えていた。

そしてそれが何だったのかをウザワに報せてきたのだ。

「あの時、おかあさんの動揺があまりに酷かったので深く考えなかったんですけれど……」とSは前置きしながら、違和感について説明した。

「おとうさんの手に妙なものが見えたんです」

父親は剥き出しの鉈《なた》を持っていたのだという。

「死んだ娘にどうにかして逢いたいとすがるような思いで来た親の心情と、鞘《さや》から取り出した大きな刃の鉈を持ち歩く姿に違和感を感じたんです」

が、それにしてもトンネルの近くには林もあり、そうしたものを使いながら娘の魂魄を探していても奇妙だが異常ではない……ただ、なんとなく『誰かに告げた方が良い』とSは感じてウザワに連絡したとだけ記されていた。

廃墟――

ウザワは廃墟の様子を写真に撮って送ってきていた。それは誰もが想像し得るような有り体の異様なものだった。中は既にボロボロで壁は壊され、家財は朽ちていた。写真から父親が何処で死んでいたのかはわからないし、母親が絶命していたという寝室も探りようが無かった。

が、写真をめくるうち変な気分になってきた。

古い落書きと当時のものと思われる貼り紙へ、ウザワは特に関心を向けていた。

壁には等身大の人間の大きさで赤と白のまだらの人間が描いてあった。目の部分に瞳はなく、四角く囲ってあるだけ。その口元から『じごく！　ころす！』と吹き出しがある。そしてボロボロになったチラシの数枚をウザワは読めるように伸ばして撮っていた。

『クライヒ　アカリヤミ』『ウマオヨグ　ウオカケル』『チョコイタイ　アメモロイ』『トラメグリ　カフスフス』といった類いの何の事やら全く意味不明な文字が綴られていた。

枚数にして何十枚もあった。暗号なのだろうけれど、なんのことやらさっぱりわからなかった。

結局、ウザワは資料の中で大発見を説明してはいなかった。

『陸軍登戸研究所』

「いや、全然知らない」

大将に『陸軍の登戸研究所って知ってますか？』と訊かれ、俺はそう答えた。

「諜報活動を主にした中野学校と同様の機関なんですけれど、そこじゃあ珍しい研究が行われていたんですよ」

「へえ。例えば、どんな？」

大将はまな板でチャーシューを刻みながら云った。「例えば……双子の研究です。双子が口を使わず意思の疎通ができるのなら、それが兵士として利用できるのではないかとか……所謂、ESPなんかの超能力の開発ですね。テレパシーとか」

いきなり眉唾なものが突っ込まれたので面食らったが大将は、いつもの如く一向に気にする様子はなかった。そして顔を上げるとこう云って笑った。「うちの爺さん、そこの研究者だったんです。それも双子専門」

「へえ。すごいもんだねえ」

「まあ戦時下ですから、かなりえげつないこともしたみたいです。記憶の操作や変換とか」

「そんなことできるの？」

「まあ大概は薬を使ったり、体の自由を奪って極端なストレスを与えるようなことで相手を極限状態に追い込むらしいです。そこで新たな記憶を植え込もうとしたとか、しなかったとか」

寸胴の鍋の湯が煮えくりかえっていた。いつもと違ってテレビも有線も流れていない店内は静かで、ただ奥の小上がりからの話し声だけがぼそぼそと聞こえてくる。

と、不意に『逃げろ！』と頭のなかで警戒音が鳴った。が、理由もなく、そんなことをするのは普通じゃない。俺は何故、そんな感じになったのか、その時点では不思議でならなかった。

「双子ってのは不思議な生き物らしいですよ。特に一卵性双生児ってやつは。独自の世界をもっていてふたりだけの言葉なんかも生み出すらしいです」

「言葉？」

「ふたりだけで通じる双子語みたいなものですね」

その瞬間、俺は躯に雷が落ちたような衝撃が走った。目の前にウザワが送ってきた写真が甦った。


『クライヒ　アカリヤミ』『ウマオヨグ　ウオカケル』

『チョコイタイ　アメモロイ』『トラメグリ　カフスフス』


俺が唖然としていると大将がニヤリとした。勿論、彼も【美香のこと】は知っている。

「もし、なんらかの原因で美香が双子だったら……そしてそれを隠して成長していたとしたら……月水金は自分が通学して、火木土は姉が代わりに……なんてねぇ」

「そんな莫迦げたことが許されるはずはないけれど、もしそんな暮らしの中で突然、片方が死んでしまったら」

「残された相手は生きながら幽霊ですよ。当然、おかしくなるでしょうね。しかも、もし目の前で自分と同じ人間が電車に巻き込まれてバラバラになるのを見たりしちゃ、まともな精神でいられるはずがない。絶対に暴れるだろうし、家族は地獄です」

「親はどうするんだろう」

「それはなんとか事情を汲んでくれる医者に治療を委ねる他ないでしょうね。双子に詳しい医者に。そしてトラウマを消そうと記憶を改竄《かいざん》するんじゃないでしょうか……成功するかどうかは知りませんが……薬物投与と過度のストレスを」

「ウルトラマンの話は……」

「拘束着の可能性はありますね。どこからどこまでが作り話かはしらないけれど……まともな病院では扱ってくれないでしょうからね」

　ウザワの大発見が寒気を伴って俺の背中を駆け上った。

「両親の無理心中は……一卵双生児なら指紋もほぼ同じだ。外部からの侵入じゃないとすれば……あれは本当に……」

「美香の生き残りが殺したって云うんですか？　そんな……できますかねえ」

「だが、現に生き残りは姿を見つかっていない。無実なら何故、逃げる必要がある。悪いのはそんな生活をさせた両親のはずだ」

大将は返事をせず、具材を刻んでいた。包丁のまな板に当たる音が妙に大きい。

「今は何処でどうしてるんでしょうねえ。きっと誰かに手助けして貰って両親の財産を受け取った後に海外にでも脱出して、暫くしてから戻ってきたりしてるんじゃないでしょうかね。やっぱり当事者とすれば気になるもんですよね、その後、どうなったかってのはね」

「でも戸籍がないし」

「そんなものはそれなりのルートもあるでしょう。それに今は性転換して顔も少し手を入れれば完全な他人になることもできますから、大発見なんて吹聴するような莫迦さえ現れなけりゃ」

その時、俺はウザワが下戸なのを思い出していた。

小上がりの客が一斉に立ち上がってこちらに向かってこようとしていた。全員がそれぞれペアで、同じ顔をしていた。

壁に『イヌヒロイ　ネコセマイ』という貼り紙があるのに気づき、俺は転がるようにして店を出た。


その後、一度だけ近所の電柱に『イヌヒロイ　ネコセマイ』の貼り紙があったが、それきりになっている。

これを書くために店に行ったがインド料理店に変わっていた。

イヌヒロイ
ネコセマイ